A ESPERANÇA DA SALVAÇÃO PARA AS CRIANÇAS QUE MORREM SEM BATISMO

COMISSÃO TEOLÓGICA INTERNACIONAL

A ESPERANÇA DA SALVAÇÃO PARA AS CRIANÇAS QUE MORREM SEM BATISMO

Direção-geral: *Flávia Reginatto*
Editora responsável: *Vera Ivanise Bombonatto*
Tradução: *Geraldo Luiz Borges Hackmann*

© 2008 Libreria Editrice Vaticana

Nenhuma parte desta obra poderá ser reproduzida ou transmitida por qualquer forma e/ou quaisquer meios (eletrônico ou mecânico, incluindo fotocópia e gravação) ou arquivada em qualquer sistema ou banco de dados sem permissão escrita da Editora. Direitos reservados.

Paulinas
Rua Pedro de Toledo, 164
04039-000 – São Paulo – SP (Brasil)
Tel.: (11) 2125-3549 – Fax: (11) 2125-3548
http://www.paulinas.org.br – editora@paulinas.com.br
Telemarketing e SAC: 0800-7010081

© Pia Sociedade Filhas de São Paulo – São Paulo, 2008

A ESPERANÇA DA SALVAÇÃO PARA AS CRIANÇAS QUE MORREM SEM BATISMO

Nota preliminar

O tema da sorte das crianças que morrem sem ter recebido o batismo foi abordado levando em conta o princípio da hierarquia da verdade, no contexto do desígnio salvífico universal de Deus, da unicidade e da inseparabilidade da mediação de Cristo, da sacramentalidade da Igreja em ordem à salvação e da realidade do pecado original. No estágio atual de relativismo cultural e de pluralismo religioso, o número de crianças não-batizadas aumenta consideravelmente. Em tal situação, aparece mais urgente a reflexão sobre a possibilidade de salvação também para essas crianças. A Igreja tem consciência de que ela é unicamente atingível em Cristo por meio do Espírito. Mas ela não pode renunciar a refletir, enquanto mãe e mestra, sobre a sorte de todos os seres humanos criados à imagem de Deus e, particularmente, dos mais fracos e daqueles que ainda não estão em posse do uso da razão e da liberdade.

É conhecido que o ensinamento tradicional recorria à teoria do limbo, entendido como estado no qual as almas das crianças que morrem sem batismo não mereciam o prêmio da visão beatífica, por causa do pecado original, mas não sofriam nenhuma punição, dado que não tinham cometido pecados pessoais. Essa teoria, elaborada por teólogos a partir da Idade Média, nunca entrou nas definições dogmáticas do Magistério, mesmo que o próprio Magistério a mencionasse no seu ensinamento até o Concílio Vaticano II. Essa permanece, portanto, uma hipótese teológica possível. Contudo, no *Catecismo da Igreja Católica* (1992) a teoria do limbo não é mencionada e, ao contrário, tem ensinado que, quanto às crianças mortas sem o batismo, a Igreja só pode confiá-las à misericórdia de Deus, como, exatamente, faz no rito específico dos funerais para elas.

O princípio de que Deus quer a salvação de todos os seres humanos permite esperar que exista uma via de salvação para as crianças mortas sem batismo (cf. *Catecismo*, 1261). Tal afirmação convida a reflexão teológica a encontrar uma conexão teológica e coerente entre os diversos enunciados da fé católica: a vontade salvífica universal de Deus, a unicidade da mediação de Cristo, a necessidade do batismo para a salvação, a ação universal da graça em relação aos sacramentos, a relação entre pecado original e privação da visão beatífica e a criação do ser humano "em Cristo".

A conclusão do estudo é que existem razões teológicas e litúrgicas para motivar a esperança de que as crianças que morrem sem batismo possam ser salvas e introduzidas na bem-aventurança eterna, embora não exista um ensinamento explícito da revelação sobre tal problema. Nenhuma das considerações que o texto propõe para motivar uma nova abordagem da questão pode ser adotada para negar a necessidade do batismo nem para retardar o rito da sua administração. Ou melhor, existem mais razões para esperar que Deus salve essas crianças, dado que não se conseguiu fazer o que se desejaria fazer por elas, isto é, batizá-las na fé da Igreja e inseri-las visivelmente no corpo de Cristo.

Enfim, uma observação de caráter metodológico. A maneira de abordar este tema se justifica bem dentro daquele desenvolvimento da história da inteligência da fé, da qual fala a *Dei Verbum* (n. 8), e cujos fatores são a reflexão e o estudo dos crentes, a experiência dos bens espirituais e a pregação do Magistério. Quando, na história do pensamento cristão, se começou a perceber a pergunta pela sorte das crianças que morrem sem batismo, talvez não se conhecesse exatamente a natureza e todo o alcance doutrinal implícito nessa pergunta. Somente no desenvolvimento histórico e teológico havido no decorrer dos séculos e até o Concílio Vaticano II nos damos conta que tal pergunta específica merecia ser considerada em um horizonte sempre mais amplo das doutrinas de fé, e que o problema pode ser repensado colocando o ponto em questão em relação explícita com o contexto global da fé católica e observando o princípio da hierarquia das verdades, mencionado no decreto do Concílio Vaticano II *Unitatis redintegratio*. O documento, seja do ponto de vista teológico-especulativo, seja do ponto de vista prático-espiritual, constitui um instrumento explícito útil e eficaz para a compreensão e o aprofundamento desta problemática, que não é somente doutrinal, mas se depara com urgências pastorais de não pouca relevância.

* * *

O tema "A esperança da salvação para as crianças que morrem sem batismo" foi submetido ao estudo da Comissão Teológica Internacional. Para preparar este estudo, foi formada uma Subcomissão, composta por dom Ignazio Sanna e dom Basil Kyu-Man Cho, pelos reverendíssimos professores Peter Damian Akpunonu, Adalbert Denaux, padre Gilles Emery, op, monsenhor Ricardo Ferrara, István Ivancsó, Paul McPartlan, Dominic Veliath, sdb (presidente da Subcomissão), e pela professora irmã Sara Butler, msbt, com a colaboração de padre Luis Ladaria, sj, secretário-geral, e de monsenhor Guido Pozzo, secretário adjunto da supracitada Comissão Teológica, e também com os contributos de seus outros membros. A discussão geral se desenvolveu por ocasião da Sessão Plenária da mesma Comissão Teológica Internacional, acontecida em Roma em dezembro de 2005 e outubro de 2006. O presente texto foi aprovado de forma específica pela Comissão e, posteriormente, submetido ao seu presidente, cardeal William J. Levada, o qual, recebido o consentimento do Santo Padre na Audiência concedida em 19 de janeiro de 2007, deu a sua aprovação para a publicação.

INTRODUÇÃO

1. São Pedro exorta os cristãos a estarem sempre prontos a dar as razões da esperança que está neles (cf. 1Pd 3,15-16).[1] Este documento versa sobre o tema da esperança que os cristãos podem ter sobre a salvação das crianças que morrem sem ter recebido o batismo. Ilustra como se desenvolveu essa esperança nos últimos decênios, e sobre a qual base se apóia, de modo que se possa dar as razões de tal esperança. Não obstante, à primeira vista, este tema possa parecer marginal em relação a outras questões teológicas, questões muito profundas e complexas estão implicadas no desenvolvimento do mesmo e urgentes necessidades pastorais tornam necessária uma explicação adequada.

2. Nestes nossos tempos está crescendo sensivelmente o número de crianças que morrem sem ter sido batizadas. Freqüentemente, os pais, influenciados pelo relativismo cultural e pelo pluralismo religioso, não são praticantes, mas este fenômeno é também em parte conseqüência da fecundação *in vitro* e do aborto. À luz desses desdobramentos, repropõe-se com nova urgência a interrogação sobre a sorte dessas crianças. Em uma situação deste tipo, os caminhos através dos quais pode ser conseguida a salvação se mostram ainda mais complexos e problemáticos. A Igreja,

---

[1] Os textos bíblicos são extraídos da *Bíblia de Jerusalém*, São Paulo, Paulus, 1985.

guardiã fiel do caminho da salvação, sabe que esta pode ser conseguida somente em Cristo, por meio do Espírito Santo. Mas a Igreja não pode renunciar a refletir, enquanto mãe e mestra, sobre a sorte de todos os seres humanos criados à imagem de Deus,[2] em particular dos mais fracos.

Os adultos, estando dotados de razão, consciência e liberdade, são responsáveis pelo próprio destino, na medida em que acolhem ou rejeitam a graça de Deus. As crianças, contudo, não tendo ainda o uso da razão, da consciência e da liberdade, não podem decidir por si mesmas. Os pais experimentam uma grande dor e um sentimento de culpa quando não têm a certeza moral da salvação de seus filhos, e as pessoas consideram sempre mais difícil aceitar que Deus seja justo e misericordioso se, por outro lado, exclui da felicidade eterna as crianças, sejam elas cristãs ou não, que não têm pecados pessoais. De um ponto de vista teológico, o desenvolvimento de uma teologia da esperança e de uma eclesiologia de comunhão, juntamente com o reconhecimento da grandeza da misericórdia divina, põem em discussão uma interpretação excessivamente restritiva da salvação. De fato, a vontade salvífica universal de Deus e, da mesma maneira, a mediação universal de Cristo fazem julgar inadequada qualquer concepção teológica que, em última análise, ponha em dúvida a onipotência própria de Deus e, em particular, a sua misericórdia.

---

[2] Cf. COMISSÃO TEOLÓGICA INTERNACIONAL. *Comunione e servizio. La persona umana creata a immagine di Dio*. Città del Vaticano, 2005 (e in *Civ. Catt.* 2004 IV 254-286).

3. A teoria do limbo, à qual a Igreja recorreu durante muitos séculos para indicar a sorte das crianças que morrem sem batismo, não encontra nenhum fundamento explícito na revelação, não obstante tenha entrado por longo tempo no ensinamento teológico tradicional. Além disso, o conceito de que as crianças que morrem sem batismo estão privadas da visão beatífica, conceito considerado como doutrina comum da Igreja por muito tempo, levanta numerosos problemas pastorais, a tal ponto que muitos pastores de almas pediram uma reflexão mais aprofundada sobre os caminhos da salvação. A obrigatória reconsideração de tais questões teológicas não pode ignorar as trágicas conseqüências do pecado original. O pecado original comporta um estado de separação de Cristo, o que exclui a possibilidade da visão de Deus para aqueles que morrem neste estado.

4. Refletindo sobre o tema da sorte das crianças que morrem sem batismo, a comunidade eclesial deve sempre recordar que Deus é, no rigor dos termos, o sujeito da teologia, mais do que o objeto. A primeira tarefa da teologia é, por conseguinte, a escuta da Palavra de Deus. A teologia ausculta a Palavra de Deus contida nas Escrituras, a fim de transmiti-las amorosamente a cada pessoa. Todavia, sobre a salvação daqueles que morrem sem batismo a Palavra de Deus diz muito pouco ou nada. Por conseguinte, é necessário interpretar a reticência da Escritura sobre este tema à luz dos textos que tratam do plano universal de salvação e dos caminhos de salvação. Em poucas palavras, o problema, quer seja para a teologia, quer para a cura pastoral, é como salvaguardar e reconciliar dois grupos de afirmações bíblicas: aquelas que se referem à vontade salvífica universal de

Deus (cf. 1Tm 2,4) e aquelas que identificam no batismo o meio necessário para ser libertos do pecado e se tornarem conformes a Cristo (cf. Mc 16,16; Mt 28,18-19).

5. Em segundo lugar, e levando em consideração o princípio *lex orandi, lex credendi*, a comunidade cristã se dá conta do fato de que na liturgia não se faz nenhuma referência ao limbo. Com efeito, a liturgia inclui a festa dos Santos Inocentes, que vieram a ser venerados como mártires, não obstante não terem sido batizados, porque foram mortos "por Cristo".[3] Além disso, teve-se um importante progresso litúrgico com a introdução dos funerais pelas crianças mortas sem o batismo. Não rezamos por aqueles que estão condenados. O *Missal Romano* de 1970 introduziu uma missa fúnebre pelas crianças não-batizadas, cujos pais desejariam apresentá-las ao batismo.

A Igreja confia à misericórdia de Deus aquelas crianças que morrem sem batismo. Na *Instrução sobre o batismo das crianças*, de 1980, a Congregação para a Doutrina da Fé confirmou que, "quanto às crianças mortas sem batismo, a Igreja não pode confiá-las à misericórdia de Deus, como justamente faz no rito dos funerais por elas".[4] O *Catecismo da Igreja Católica* (1992) acrescenta que "a grande misericórdia de Deus, que quer a salvação de todos

---

[3] "Belém, não estejas triste, mas anima-te pela morte dos santos meninos, porque eles, como vítimas perfeitas, foram oferecidos a Cristo Soberano: imolados por ele, com ele reinarão": *Exapostilarion* dell'*Orthros* (Matinas) na liturgia bizantina de 29 de dezembro (Memória dos santos meninos mortos por Herodes), in *Anthologion di tutto l'anno*, v. 1, Roma, 1999, 1.199.

[4] CONGREGAÇÃO PARA A DOUTRINA DA FÉ. *Pastoralis actio*, n. 13. In: *AAS* 72 (1980) 1.144.

os seres humanos (1Tm 2,4), e a ternura de Jesus para com as crianças, o levando a dizer 'Deixai as crianças vir a mim, não as impeçais' (Mc 10,14), nos permitem esperar que haja uma caminho de salvação para as crianças mortas sem batismo".[5]

6. Em terceiro lugar, a Igreja não pode deixar de encorajar a esperança de salvação para as crianças mortas sem batismo pelo fato mesmo de que "ela reza para que nenhum se perca",[6] e reza na esperança de que "todos os seres humanos sejam salvos".[7] À luz de uma antropologia da solidariedade,[8] reforçada por uma concepção eclesial da personalidade corporativa, a Igreja conhece bem a ajuda que pode ser dada pela fé dos fiéis. O evangelho de Marcos descreve justamente um episódio em que a fé de alguns foi eficaz para a salvação de um outro (cf. Mc 2,5). Mesmo consciente de que o meio normal para conseguir a salvação é o batismo *in re*, a Igreja espera, por conseguinte, que existam outros caminhos para conseguir-se o mesmo fim. Dado que por meio de sua encarnação o Filho de Deus "se uniu de algum modo" a cada ser humano, e dado que Cristo morreu por todos e "a vocação última do ser humano é, efetivamente, uma só, isto é, a divina", a Igreja retém que "o Espírito Santo oferece a todos a possibilidade de se

---

[5] *Catecismo da Igreja Católica* (de agora em diante *Catecismo*), 1261.
[6] *Catecismo* 1058.
[7] *Catecismo* 1821.
[8] Cf. Gn 22,18; Sb 8,1; At 14,17; Rm 2,6-7; 1Tm 2,4; Sínodo de Quierzy. In: H. DENZINGER & A. SCHÖNMETZER (Eds.). *Enchiridion symbolorum definitionum et declarationum de rebus fidei et morum* (De agora em diante *DS*). Roma, 1976. 623. Também *Nostra aetate*, n. 1.

associarem, de modo conhecido por Deus, a este mistério pascal" (*Gaudium et spes*, n. 22).[9]

7. Enfim, no refletir teologicamente sobre a salvação das crianças que morrem sem batismo, a Igreja respeita a hierarquia das verdades e, portanto, começa por reafirmar claramente o primado de Cristo e da sua graça, que tem prioridade sobre Adão e o pecado. Cristo, na sua existência por nós e no poder redentor de seu sacrifício, morreu e ressuscitou por todos. Com toda a sua vida e o seu ensinamento, revelou a paternidade de Deus e o seu amor universal. Se a necessidade do batismo é *de fide*, devem ser interpretados, porém, a tradição e os documentos do Magistério que reafirmam a sua necessidade. É verdade que a vontade salvífica universal de Deus não se opõe à necessidade do batismo, mas também é verdadeiro que as crianças, de sua parte, não colocam algum obstáculo pessoal à ação da graça redentora.

De outra parte, o batismo é administrado às crianças que não têm pecados pessoais, não só para livrá-las do pecado original, mas também para inseri-las na comunhão de salvação, que é a Igreja, por meio da comunhão na morte e ressurreição de Cristo (cf. Rm 6,1-7). A graça é totalmente gratuita, enquanto é sempre puro dom de Deus. A condenação, ao contrário, é merecida, porque é conseqüência da livre escolha humana.[10] A criança que morre depois de

---

[9] O texto em português dos documentos do Concílio Vaticano II é extraído de *Compêndio do Vaticano II. Constituições, decretos e declarações*. Introdução e índice de frei Boaventura Kloppenburg, ofm. 29. ed. Petrópolis, Vozes, 2000.

[10] Cf. Sínodo de Quierzy (*DS* 623).

ter sido batizada é salva pela graça de Deus e mediante a intercessão da Igreja, com ou sem a sua cooperação. Aqui se pode perguntar se a criança que morre sem batismo, mas pela qual a Igreja exprime o desejo de salvação na sua oração, pode ser privada da visão de Deus também sem a sua cooperação.

Capítulo 1

HISTORIA QUAESTIONIS. HISTÓRIA E HERMENÊUTICA DO ENSINAMENTO CATÓLICO

1.1 Fundamentos bíblicos

8. Uma pesquisa teológica rigorosa deveria partir de um estudo dos fundamentos bíblicos de qualquer doutrina ou prática eclesial. Em seguida, porquanto se atém ao nosso tema, devemos perguntar-nos se a Sagrada Escritura aborda de um modo ou de outro a questão da sorte das crianças não-batizadas. Mostra-se, todavia, evidente, também em um rápido exame do Novo Testamento, que as primeiras comunidades cristãs não tinham, ainda, encarado a interrogação da possibilidade ou não de obter a salvação de Deus para os neonatos ou para as crianças mortas sem batismo. Quando se faz menção da prática do batismo no Novo Testamento, em geral ali se refere ao batismo dos adultos. As evidências neotestamentárias, entretanto, não excluem a possibilidade de que também as crianças sejam batizadas. Quando, nos Atos dos Apóstolos 16,15 e 33 (cf. 18,8) e em 1Cor 1,16 se fala de famílias (*oikos*) que recebem o batismo, é possível que as crianças tenham sido batizadas junto com os adultos. A ausência de referência explícita pode ser explicada com o fato de que os escritos do Novo Testamento se preocupa-

vam essencialmente com a difusão inicial do cristianismo no mundo.

9. A ausência, no Novo Testamento, de um ensinamento explícito sobre a sorte das crianças mortas sem batismo não significa que a discussão teológica deste tema não esteja informada por diversas doutrinas bíblicas fundamentais. Entre essas podemos citar:

I) a vontade de Deus de salvar cada pessoa (cf. Gn 3,15; 22,18; 1Tm 2,3-6) através da vitória de Jesus Cristo sobre o pecado e sobre a morte (cf. Ef 1,20-22; Fl 2,7-11; Rm 14,9; 1Cor 15,20-28);

II) a pecaminosidade universal dos seres humanos (cf. Gn 6,5-6; 8,21; 1Rs 8,46; Sl 130,3), o fato de que a partir de Adão são nascidos no pecado (cf. Sl 51,7; Eclo 25,24) e que são, assim, destinados à morte (cf. Rm 5,12; 1Cor 15,22);

III) a necessidade, aos fins da salvação, de um lado, da fé do fiel (cf. Rm 1,16) e, de outro, do batismo (cf. Mc 16,16; Mt 28,19; At 2,40-41; 16,30-33) e da eucaristia (cf. Jo 6,53), administrados pela Igreja;

IV) a esperança cristã supera completamente a esperança humana (cf. Rm 4,18-21); a esperança cristã é que o Deus vivente, o Salvador de toda a humanidade (cf. 1Tm 4,10), fará participar todos de sua glória e que todos viverão com Cristo (cf. 1Ts 5,9-11; Rm 8,2-5.23-25), e os cristãos devem estar prontos a dar as razões da esperança que está neles (cf. 1Pd 3,15);

V) a Igreja deve fazer "orações, súplicas e ações de graças por todos os seres humanos" (1Tm 2,1-8), tendo fé que ao poder criador de Deus "nada é impossível" (Jo 42,2; Mc 10,27; 12,24.27; Lc 1,37), e na esperança de que toda a criação participará, finalmente, da glória de Deus (cf. Rm 8,22-27).

10. Parece existir uma tensão entre apenas duas das doutrinas bíblicas citadas: de um lado, a vontade salvífica universal de Deus e, de outro, a necessidade do batismo sacramental. Esta última pareceria limitar a extensão da vontade salvífica universal de Deus. Resulta, portanto, necessária uma reflexão hermenêutica sobre como os testemunhos da Tradição (os Padres da Igreja, o Magistério e os teólogos) leram e utilizaram os textos e as doutrinas da Bíblia com referência ao tema aqui tratado. De modo mais específico, ocorre esclarecer de qual tipo seja a "necessidade" do sacramento do batismo, para evitar interpretações erradas.

A necessidade do batismo sacramental é de segunda ordem em relação à necessidade absoluta, para a salvação final de cada ser humano, da ação salvífica de Deus por meio de Jesus Cristo. O batismo sacramental é necessário enquanto meio ordinário através do qual uma pessoa participa dos efeitos benéficos da morte e ressurreição de Jesus. Na nossa análise, avaliaremos atentamente como foram utilizados os testemunhos bíblicos na Tradição. Além disso, ao analisar os princípios teológicos (capítulo 2) e as razões da nossa esperança (capítulo 3), aprofundaremos, principalmente, as doutrinas correspondentes e os textos bíblicos.

1.2 Os Padres gregos

11. Somente pouquíssimos, entre os Padres gregos, abordaram o problema da sorte das crianças que morrem sem batismo, enquanto sobre este tema no Oriente não havia qualquer controvérsia. Havia, além disso, uma concepção diversa das condições atuais da humanidade. Para os Padres gregos, como conseqüência do pecado de Adão, os seres humanos herdaram a corrupção, a emotividade e a mortalidade, da qual podiam ser restaurados graças a um processo de divinização, tornado possível pela obra redentora de Cristo. O conceito de uma herança do pecado ou da culpa, comum na tradição ocidental, era estranha a tal perspectiva, dado que, segundo eles, o pecado podia ser somente um ato livre e pessoal.[1] Por esse motivo não foram muitos os Padres gregos que abordaram explicitamente o problema da salvação das crianças não-batizadas.

Todavia, trataram o estado ou a condição — mas não o lugar — dessas crianças após a morte. A este respeito, o problema principal com o qual se devem confrontar é a tensão entre a vontade salvífica universal de Deus e o ensinamento do Evangelho sobre a necessidade do batismo. O Pseudo-Atanásio afirma claramente que uma pessoa não-batizada não pode entrar no Reino de Deus. Sustenta, além disso, que as crianças não-batizadas não entram no Reino, mas que também não se perdoam, já que não pecaram.[2]

---

[1] Cf. D. WEAVER. "The exegesis of Romans 5:12 among the Greek Fathers and its implication for the doctrine of original sin: The 5th-12th centuries". In: *St. Vladimir's Theological Quarterly* 29 (1985) 133-159; 231-257.

[2] (PSEUDO-)ATANÁSIO. *Quaestiones ad Antiochum ducem*, qn. 101 (*PG* 28, 660 C). Analogamente, qn. 115 (*PG* 28, 672 A).

Anastácio do Sinai se exprime de modo ainda mais claro: segundo ele, as crianças não-batizadas não vão para a Geena. Mas não está em condições de dizer mais do que isso; não exprime uma opinião sobre para onde efetivamente vão, e deixa a sorte delas ao juízo de Deus.[3]

12. Gregório de Nissa foi o único entre os Padres gregos que escreveu uma obra que versa especificamente sobre a sorte das crianças que morrem, o *De infantibus praemature abreptis libellum*.[4] *A angústia da Igreja transparece nas interrogações que se põe Gregório: a sorte dessas crianças é um mistério, "alguma coisa muito mais ampla do que possa ser compreendida pela mente humana".*[5] *Gregório exprime a sua opinião a respeito da virtude e o seu prêmio. Segundo ele, Deus não tem nenhum motivo para conceder como prêmio aquilo que se espera. A virtude não tem nenhum valor se aqueles que deixam esta vida prematuramente sem tê-la praticado sejam imediatamente acolhidos na bem-aventurança. Dando continuidade a esse raciocínio, Gregório se pergunta: "Que acontecerá com aqueles cuja vida se conclui em tenra idade e que não fizeram nem o bem nem o mal? São merecedores de um prêmio?".*[6] *E responde: "A bem-aventurança esperada*

---

[3] ANASTÁCIO DO SINAI. *Quaestiones et responsiones*, qn. 81 (*PG* 89, 709 C).

[4] Cf. GREGÓRIO DE NISSA. *De infantibus praemature abreptis libellum*, ab H. POLACK ad editionem praeparatum in Colloquio Leidensi testimoniis instructum renovatis curis recensitum edendum curavit H. HÖRNER. In: J. K. DOWNING; J. A. MCDONOUGH; H. HÖRNER (Ed. cur.). *Gregorii Nysseni opera dogmatica minora*, Pars II. W. JAEGER; H. LANTGERBECK; H. HÖRNER (Eds.). *Gregorii Nysseni opera*. v. III, Pars II. Leiden-New York-København-Köln, 1987. 65-97.

[5] Ibid. 70.

[6] Ibid. 81-82.

pertence aos seres humanos por natureza, e é chamada prêmio somente em um certo sentido".[7]

O gozo da verdadeira vida (*zoe* e não *bios*) corresponde à natureza humana e é conseguido em proporção à virtude praticada. Dado que a criança inocente não tem necessidade de ser purificada dos pecados pessoais, participa desta vida de modo correspondente à sua natureza, em uma sorte de progresso regular, segundo a sua capacidade. Gregório de Nissa faz uma distinção entre a sorte das crianças e a dos adultos que viveram uma existência virtuosa: "A morte prematura das crianças apenas nascidas não constitui motivo para pressupor que elas sofrerão tormentos ou que estarão no mesmo estado daqueles que, graças a todas as virtudes, foram purificados nesta vida".[8] Por fim, oferece esta perspectiva à reflexão da Igreja: "A contemplação apostólica fortifica a nossa questão, como *aquele* que fez bem todas coisas, com sabedoria (Sl 104,24), sabe tirar o bem do mal".[9]

13. Gregório Nazianzeno não escreve nada em relação ao lugar e ao estado das crianças que morrem sem batismo, mas amplia o tema ao acrescentar uma outra reflexão. Escreve que tais crianças não recebem nem louvor nem punição do Justo Juiz, enquanto sofreram um dano mais do que o causaram. "Quem não merece castigo não é, por esse fato, merecedor de louvor, e quem não merece louvor não é, por esse fato, merecedor de castigo."[10] O ensinamento

---

[7] Ibid. 83.
[8] Ibid. 96.
[9] Ibid. 97.
[10] GREGÓRIO NAZIANZENO. *Oratio XL: In sanctum baptisma*, 23 (*PG* 36, 389 B-C).

profundo dos Padres gregos pode ser resumido nas palavras de Anastácio do Sinai: "Não é conveniente que o ser humano investigue com as próprias mãos os juízos de Deus".[11]

14. De uma parte, esses Padres gregos ensinam que as crianças que morrem sem batismo não padecem a condenação eterna, mesmo não conseguindo o mesmo estado daquelas que foram batizadas. De outra parte, não explicam qual seja o estado dessas crianças, ou em qual lugar se encontram. Sobre o tema, os Padres gregos mostram a sua típica sensibilidade apofática.

1.3 Os Padres latinos

15. A sorte das crianças não-batizadas foi, no Ocidente, pela primeira vez, objeto de uma reflexão teológica válida durante as controvérsias antipelagianas no início do século V. Santo Agostinho enfrentou a questão em resposta a Pelágio, que ensinava que as crianças podiam ser salvas sem ser batizadas. Pelágio colocava em discussão que a Carta de Paulo aos Romanos ensinasse, verdadeiramente, que todos os seres humanos pecaram "em Adão" (Rm 5,12) e que a concupiscência, o sofrimento e a morte fossem conseqüências da queda.[12] Como negasse que o pecado de Adão tivesse sido transmitido aos seus descendentes, considerava inocentes as crianças recém-nascidas. Às crianças mortas sem batismo Pelagio prometia o ingresso na "vida eterna" (não, porém, no "Reino de Deus" [Jo 3,5]), afirmando que

---

[11] ANASTÁCIO DO SINAI. *Quaestiones et responsiones*, qn. 81 (*PG* 89, 709 C).
[12] Cf. PELÁGIO. Expositio in epistolam ad Romanos. In: *Expositiones XIII epistolarum Pauli*. A. SOUTER (Ed.). Cambridge, 1926.

Deus não condenaria ao inferno quem não fosse pessoalmente culpado de pecado.[13]

16. Ao rebater Pelágio, Agostinho foi induzido a afirmar que as crianças que morrem sem batismo são entregues ao inferno,[14] recorrendo ao preceito dado pelo Senhor em Jo 3,5 e à prática litúrgica da Igreja. Por que levar à fonte batismal as crianças em tenra idade, sobretudo os neonatos em perigo de morte, se não para assegurar o ingresso no Reino de Deus? Por que as submeter aos ritos do exorcismo e da insuflação se não devem ser libertadas do diabo?[15] Por que renascem se não têm necessidade de ser renovadas? A prática litúrgica confirma a fé da Igreja de que todos herdam o pecado de Adão e devem ser transferidos do poder das trevas para o reino da luz (Cl 1,13).[16] Há um só batismo, que é idêntico para adultos e crianças, e é para a remissão dos pecados.[17] Se também as crianças em tenra idade são batizadas é, por conseguinte, porque são pecadoras. Não obstante, evidentemente, não serem culpadas de um pecado pessoal, segundo Rm 5,12 (na tradução latina então disponível a Agostinho), pecaram "em Adão".[18] "Por que, portanto,

---

[13] Cf. AGOSTINHO. *Epistula* 156 (*Corpus scriptorum ecclesiasticorum latinorum* [de agora em diante *CSEL*], 44, 448 s); 175.6 (*CSEL* 44, 660-662); 176.3 (*CSEL* 44, 666 s). *De peccatorum meritis et remissione et de baptismo parvulorum* 1.20.26; 3.5.11-6.12 (*CSEL* 60, 25s e 137-139). *De gestis Pelagii* 11, 23-24 (*CSEL* 42, 76-78).

[14] Cf. *De pecc. mer.* 1.16.21 (*CSEL* 60, 20 s). *Sermo* 294.3 (*PL* 38, 1337). *Contra Iulianum* 5.11.44 (*PL* 44, 809).

[15] Cf. *De pecc. mer.* 1.34.63 (*CSEL* 60, 63 s).

[16] Cf. *De gratia Christi et de peccato originali* 2.40.45 (*CSEL* 42, 202 s). *De nuptiis et concupiscentia* 2.18.33 (*CSEL* 42, 286 s).

[17] Cf. *Sermo* 293.11 (*PL* 38, 1334).

[18] Cf. *De pecc. mer.* 1.9-15.20 (*CSEL* 60, 10-20).

Cristo morreu por elas, se não são culpadas?"[19] Todos têm necessidade de Cristo como seu Salvador.

17. Segundo Agostinho, Pelágio atacava a fé em Jesus Cristo, único Mediador (1Tm 2,5), e a necessidade da graça salvífica que ele nos conseguiu na cruz. Cristo veio para salvar os pecadores. É o "Grande Médico", que oferece até aos neonatos a medicina do batismo para salvá-los do pecado herdado de Adão.[20] Único remédio para o pecado de Adão, transmitido através da geração a todos, é o batismo. Aqueles que não são batizados não podem entrar no Reino de Deus. No dia do juízo, aqueles que não entram no Reino (Mt 25,34) serão condenados ao inferno (Mt 25,41). Não existe um "estado intermediário" entre paraíso e inferno. "Não ficou algum lugar intermediário no qual tu possas situar as crianças."[21] "Não pode estar senão com o diabo quem não está com Cristo."[22]

18. Deus é justo. Se condena ao inferno as crianças não-batizadas, é porque são pecadoras. Não obstante essas crianças serem punidas no inferno, padecerão somente uma "pena suavíssima" (*mitissima poena*),[23] "a pena mais leve de todas",[24] enquanto existem penas diversas em proporção à culpa do pecador.[25] Essas crianças não eram responsáveis,

---

[19] "Cur ergo pro illis Christus mortuus est si non sunt rei?". In: *De nupt. et conc.* 2,33.56 (*CSEL* 42, 513).
[20] Cf. *Sermo* 293.8-11 (*PL* 38, 1333 s).
[21] *Sermo* 294.3 (*PL* 38, 1337).
[22] *De pecc. mer.* 1.28.55 (*CSEL* 60, 54).
[23] *Enchiridion ad Laurentium* 93 (*PL* 40, 275). Cf. *De pecc. mer.* 1.16.21 (*CSEL* 60, 20 s).
[24] *C. Iul.* 5.11.44 (*PL* 44, 809).
[25] Cf. *Contra Iulianum opus imperfectum* 4.122 (*CSEL* 85, 141-142).

mas não há injustiça na sua condenação, já que todas pertencem à "mesma massa", a massa destinada à perdição. Deus não faz nenhuma injustiça àqueles que não são eleitos, porque todos merecem o inferno.[26] Porque alguns são vasos de cólera e outros vasos de misericórdia?

Agostinho admite não conseguir encontrar "uma razão que satisfaça adequadamente". Pode, somente, exclamar com são Paulo: "Como são imperscrutáveis os juízos (de Deus) e inacessíveis os seus caminhos!"[27] Mais do que condenar a autoridade divina, dá uma interpretação restritiva da vontade salvífica universal de Deus.[28] A Igreja crê que, se alguém é redimido, é somente graças à misericórdia imerecida de Deus; mas, se alguém é condenado, é por um juízo bem merecido. Descobriremos no outro mundo a justiça da vontade de Deus.[29]

---

[26] *Contra duas epistulas Pelagianorum* 2.7.13 (*CSEL* 60, 474).

[27] *Sermo* 294.7.7 (*PL* 38, 1339).

[28] Depois de ter ensinado a vontade salvífica de Deus no início da controvérsia pelagiana (*De Spiritu et littera* 33.57-58 [*CSEL* 60, 215 s]), Agostinho limitou, sucessivamente, de diversas formas a universalidade do "todos" em 1Tm 2,4: todos aqueles (e somente aqueles) que serão, efetivamente, salvos; todas as classes (hebreus e gentios), não todas as pessoas individualmente; muitos, ou seja, não todos (*Enchir.* 103 [*PL* 40, 280]. *C. Iul.* 4.8.44 [*PL* 44, 760]). À diferença do jansenismo, todavia, Agostinho sempre ensinou que Cristo morreu por todos, inclusive pelas crianças ["Numquid (parvuli) aut homines non sunt ut non pertineant ad id quod dictum est, *omnes homines* (1Tm 2:4)?": *C. Iul.* 4.8.42 (*PL* 44, 759). Cf. *C. Iul.* 3.25.58 (*PL* 44, 732). *Sermo* 293.8 (*PL* 38, 1333), e que Deus não manda coisas impossíveis (*De civitate Dei* 22.2 (*CSEL* 40, 583-585). *De natura et gratia* 43.50 (*CSEL* 60, 270). *Retractationes* 1.10.2 (*PL* 32, 599)]. Para uma análise mais profunda deste tema, ver: F. MORIONES (Ed.). *Enchiridion theologicum Sancti Augustini*. Madrid, 1961. 327s e 474-481.

[29] Cf. *Enchir.* 94-95 (*PL* 40, 275 s). *De nat. et grat.* 3.3-5.5 (*PL* 44, 249 s).

19. O Concílio de Cartago, de 418, refutou o ensinamento de Pelágio. Condenou a opinião de que as crianças "não contraem de Adão o pecado original, que é remido pelo banho da regeneração que leva à vida eterna". O Concílio afirmou, ao contrário, que, "todavia, também as crianças que ainda não puderam cometer algum pecado por si mesmas são verdadeiramente batizadas para a remissão dos pecados, a fim de que, mediante a regeneração, nele sejam purificadas do que contraíram através da geração".[30] Acrescentou, além disso, que não existe "algum lugar posto no meio ou alhures, onde vivem como beatos os recém-nascidos que ultrapassaram esta vida sem o batismo, sem o qual não podem entrar no Reino dos Céus, que é a vida eterna".[31] O Concílio, contudo, não apoiou explicitamente todos os aspectos da severa doutrina de Agostinho concernente à sorte das crianças que morrem sem batismo.

20. Era tal, todavia, a autoridade de Agostinho no Ocidente, que os Padres latinos (como, por exemplo, Jerônimo, Fulgêncio, Avito de Viena e Gregório Magno)

---

[30] *DS* 223. Este ensinamento foi adotado pelo Concílio de Trento: CONCÍLIO DE TRENTO. Quinta Sessão: *Decreto sobre o pecado original* (*DS* 1514). J. NEUNER & J. DUPUIS (Eds.). *The christian faith in the doctrinal document of the Catholic Church* (Theological Publications in India). Bangalore, 2004. 511.

[31] *DS* 224: "Item placuit, ut si quis dicit, ideo dixisse Dominum: 'In domo Patris mei mansiones multae sunt' (Io 14,2), ut intelligatur, quia in regno caelorum erit aliquis medius aut ullus alicubi locus, ubi beati vivant parvuli, qui sine baptismo ex hac vita migrarunt, sine quo in regno caelorum, quod est vita aeterna, intrare non possunt, anathema sit". Cf. C. MUNIER (Ed.). *Concilia Africae A. 345 - A. 525*. Turnhout, 1974. 70. Este cânon está presente em alguns manuscritos, mas não em todos. Não foi recolhido pelo *Indiculus* (cf. *DS* 238-249).

adotaram, de fato, a sua opinião. Gregório Magno afirma que Deus condena, também, aqueles cujas almas estão manchadas somente pelo pecado original; até as crianças que nunca pecaram por vontade própria devem ir ao encontro dos "tormentos eternos". A propósito da nossa condição de "filhos da ira" no nascimento, cita Jó 14, 4-5 (*LXX*), Jo 3,5 e Ef 2,3.[32]

1.4 A Escolástica medieval

21. Agostinho, ao longo de toda a Idade Média, foi o ponto de referência para os teólogos latinos sobre o tema. Anselmo de Canterbury é um bom exemplo: ele julga que as crianças em tenra idade que morrem sem batismo são condenadas por causa do pecado original e de acordo com a justiça de Deus.[33] A doutrina comum é assim resumida por Hugo de São Vitor: as crianças que morrem sem batismo não podem ser salvas, porque 1) não receberam o sacramento, e 2) não podem realizar um ato de fé pessoal em substituição ao sacramento.[34] Segundo essa doutrina, seria necessário ser justificados no curso da própria existência terrena para entrar na vida eterna depois da morte. Esta põe um fim à possibilidade de escolher ou o acolhimento ou a rejeição da graça, ou seja, aderir a Deus ou distanciar-se. As disposições

---

[32] GREGÓRIO MAGNO. *Moralia*, 9.21, no comentário a Jó 9,17 (*PL* 75, 877). Ver também: *Moralia*, 12.9 (*PL* 75, 992-993) e 13.44 (*PL* 75, 1038).

[33] Cf. ANSELMO DE CANTERBURY. De conceptu virginali et de originali peccato. In: F. S. SCHMITT (Ed.). t. II, cap. 28, 170-171.

[34] Cf. HUGO DE SÃO VÍTOR. *Summa sententiarum*, trat. V, cap. 6. (*PL* 176, 132).

fundamentais de uma pessoa em relação a Deus não podem mais ser modificadas depois da morte.

22. Todavia, a maior parte dos autores medievais sucessivos, de Pedro Abelardo em diante, sublinha a bondade de Deus, interpretando a "condanna mitissima" de Agostinho como a privação da visão de Deus (*carentia visionis Dei*), sem a esperança de poder obtê-la, mas sem alguma pena adicional.[35] Esse ensinamento, que modificava a severa opinião de santo Agostinho, foi difundido por Pedro Lombardo: as crianças em tenra idade não sofrem pena alguma, exceto a privação da visão de Deus.[36] Essa posição conduz a reflexão teológica do século XIII, que reserva às crianças não-batizadas uma sorte essencialmente diferente daquela dos santos no céu, mas também parcialmente diversa daquela dos condenados, aos quais estão, todavia, associadas.

Isso não impediu aos teólogos medievais de sustentar a existência de dois (e não três) possíveis resultados para a existência humana: a felicidade do céu para os santos e a privação dessa felicidade celeste para os condenados e para as crianças que morrem sem batismo. Nos desenvolvimentos da doutrina medieval, a perda da visão beatífica (*poena damni*) era vista como a justa punição para o pecado original, enquanto os "tormentos perpétuos do inferno" representavam a pena para os pecados mortais efetivamente

---

[35] Cf. P. ABELARDO. *Commentaria in Epistolam Pauli ad Romanos*. Livro II (5,19) (*Corpus Christianorum, Continuatio Mediaevalis* 11), 169-170.
[36] Cf. P. LOMBARDO. *Sententiae*. Lib. II, dist. 33, cap. 2, I. BRADY (Ed.). t. I/2. Grottaferrata, 1971. 520.

cometidos.[37] Na Idade Média, o Magistério eclesiástico afirmou, mais de uma vez, que aqueles "que morrem em pecado mortal" e aqueles que morrem "só com o pecado original" recebem "penas diferentes".[38]

23. Como as crianças que não alcançaram a idade da razão não cometem pecados atuais, os teólogos chegaram a uma opinião comum segundo a qual as crianças não-batizadas não experimentam alguma dor, ou, verdadeiramente, conhecem uma plena felicidade natural através da sua união com Deus em todos os bens naturais (Tomás de Aquino, Duns Scoto).[39] O contributo dessa última tese teológica consiste, sobretudo, no reconhecimento de uma alegria autêntica nas crianças que morrem sem o batismo sacramental: possuem uma verdadeira união com Deus proporcional às suas condições. Essa tese se apóia sobre certa forma de conceituar a relação entre as ordens natural e sobrenatural e, em particular, a orientação para o sobrenatural. Não deve ser, todavia, confundida com o desenvolvimento sucessivo do conceito de "natureza pura".

---

[37] Cf. INOCÊNCIO III. Carta a Imberto, arcebispo de Arles. *Maiores Ecclesiae causas* (*DS* 780): "Poena originalis peccati est carentia visionis Dei, actualis vero poena peccati est gehennae perpetuae cruciatus [...]" ("A pena do pecado original é a falta da visão de Deus, enquanto a pena do pecado atual é o tormento do inferno eterno"). Esta tradição teológica identificava nos "tormentos do inferno" as penas aflitivas, tanto sensíveis como espirituais (cf. TOMÁS DE AQUINO. *IV Sent*. dist. 44, q. 3, a. 3, qla 3; dist. 50, q. 2, a. 3).

[38] CONCÍLIO DE LYON II. *Profissão de fé de Miguel Paleólogo* (*DS* 858). JOÃO XXII. Carta aos armênios *Nequaquam sine dolore* (*DS* 926). CONCÍLIO DE FLORENÇA. Decreto *Laetentur caeli* (*DS* 1306).

[39] TOMÁS DE AQUINO. *II Sent*. dist. 33, q. 2, a. 2. *De malo*, q. 5, a. 3; J. DUNS SCOTO. *Lectura II*. dist. 33, q. un. *Ordinatio II*. dist. 33, q. un.

Tomás de Aquino, por exemplo, insistia que somente a fé nos permite conhecer que o fim sobrenatural da vida humana consiste na glória dos santos, ou seja, na participação na vida de Deus Uno e Trino através da visão beatífica. Como tal fim sobrenatural transcende ao conhecimento humano natural, e dado que falta às crianças não-batizadas o sacramento que teria dado a elas o germe desse conhecimento sobrenatural, o Aquinate conclui que as crianças que morrem sem batismo não conhecem aquilo de que são privadas, e, por conseguinte, não sofrem pela privação da visão beatífica.[40]

Também quando acolheram essa opinião os teólogos consideraram a privação da visão beatífica uma aflição ("pena") na economia divina. A doutrina teológica de uma "felicidade natural" (e a ausência de qualquer sofrimento) pode ser vista como uma tentativa de dar conta da justiça e da misericórdia de Deus em relação às crianças que não cometeram nenhum pecado atual, dando, portanto, em respeito a Agostinho, um maior peso à misericórdia de Deus. Os teólogos que sustentaram a tese de uma felicidade natural para as crianças mortas sem batismo manifestam um senso muito vivo da gratuidade da salvação e do mistério da vontade de Deus, que o pensamento humano não é capaz de compreender plenamente.

24. Os teólogos que ensinaram, de uma forma ou de outra, que as crianças não-batizadas estão privadas da visão

---

[40] TOMÁS DE AQUINO. *De malo*, q. 5, a. 3: "Anime puerorum [...] carent supernaturali cognitione que hic in nobis per fidem plantatur, eo quod nec hic fidem habuerunt in actu, nec sacramentum fidei susceperunt [...]. Et ideo se privari tali bono anime puerorum non cognoscunt, et propter hoc non dolent". Cf. Ibid. ad 4. Edição Leonina, v. 23, 136.

de Deus sustentaram, em princípio, uma dupla afirmação: a) Deus quer que todos sejam salvos e b) Deus, que quer que todos sejam salvos, quer, igualmente, os dons e os meios que ele mesmo colocou a disposição para essa salvação, e que ele nos tornou conhecidos por meio de sua revelação. A segunda afirmação de per si não exclui outras disposições da economia divina (como é evidente, por exemplo, no testemunho dos Santos Inocentes). A expressão "limbo das crianças", pois, foi cunhada entre os séculos XII e XIII para designar o "lugar de repouso" dessas crianças (o "limite" das regiões inferiores). Os teólogos, todavia, podiam debater tal questão sem usar o termo "limbo". As suas doutrinas não deveriam ser confundidas com o uso da palavra "limbo".

25. A principal afirmação dessas doutrinas é que aqueles que não eram capazes de um ato livre com o qual consentissem à graça e que morreram sem estarem regenerados pelo sacramento do batismo estão privados da visão de Deus por causa do pecado original herdado por geração humana.

1.5 A era moderna pós-tridentina

26. O pensamento de Agostinho foi objeto de um renovado interesse no século XVI, e com ele a sua teoria sobre a sorte das crianças não-batizadas, como testemunha, por exemplo, Roberto Belarmino.[41] Uma das conseqüências deste despertar do agostinismo foi o jansenismo. Junta-

---

[41] Cf. R. BELARMINO. *De amissione gratiae* VI, c. 2 e c. 6. In: *Opera*. v. 5, Paris, 1873. 458, 470.

mente com os teólogos católicos da escola agostiniana, os jansenistas eram ferrenhos opositores à teoria do limbo. Durante esse período, os pontífices (Paulo III, Bento XIV e Clemente XIII)[42] defenderam o direito dos católicos de ensinar a severa teoria de Agostinho, segundo a qual as crianças que morriam só com o pecado original eram condenadas e vinham punidas com o tormento perpétuo das chamas do inferno, embora com *pena mitissima* (Agostinho) em comparação com os sofrimentos dos adultos, punidos por seus pecados mortais.

De outro lado, quando o sínodo jansenista de Pistóia (1786) denunciou a teoria medieval do "limbo", Pio VI defendeu o direito das escolas católicas de ensinar que os que morreram só com o pecado original são punidos com a ausência da visão beatífica (pena de privação), mas não com sofrimentos sensíveis (pena do "fogo"). Na bula *Auctorem fidei* (1794), o papa condenou como "falsa, temerária e injuriosa para as escolas católicas" a doutrina

---

[42] Cf. PAULO III. *Alias cum felicitate* (23 de setembro de 1535). In: J. LAURENTII BERTI FIORENTINI. *Opus de theologicis disciplinis*. v. V. Venetiis, Ex Typographia Remondiniana, 1760. 36. PAULO III. *Cum alias quorumdam* (11 de março de 1538). v. I, ivi, 167-168. BENTO XIV. *Dum praeterito mense* (31 de julho de 1748). *Non sine magno* (30 de dezembro de 1750), *sotto il 15 di luglio* (12 de maio de 1751). In: *Benedicti XIV Acta sive nondum sive sparsim edita nunc autem primum collecta cura Raphaelis de Martinis*. Neapoli, 1894. v. I, 554-557; v. II, 74 e 412-413. Para outros textos e referências, ver: J. DYER. *The denial of limbo and the jansenist controversy*. Mundelein (Illinois), 1955. 139-159; em particular, ver, pp. 139-142: a relação das discussões sob Clemente XIII em 1758-1759, segundo o manuscrito 1485 da *Biblioteca Corsiniana*, Roma, 41.C.15 ("Cause trattate nella S. C. del Sant'Uffizio di Roma dal 1733 al 1761").

que rejeita como fábula pelagiana (*fabula pelagiana*) aquele lugar dos infernos (que os fiéis, seja onde for, chamam com o nome de limbo das crianças) no qual as almas daqueles que morreram só com o pecado original são punidas com a pena da privação sem a pena do fogo; como se, desse modo, aqueles que excluem a pena do fogo tivessem introduzido, entre o Reino de Deus e a condenação eterna, aquele lugar e estado intermediário privado de culpa e de pena, da qual falavam em vão os pelagianos.[43]

As intervenções pontifícias nesse período tutelaram, portanto, a liberdade das escolas católicas em afrontar esse tema. Não adotaram a teoria do limbo como doutrina de fé. O limbo, todavia, foi a doutrina católica comum até a metade do século XX.

1.6 Do Concílio Vaticano I ao Concílio Vaticano II

27. No período precedente ao Vaticano I, e, novamente, antes do Concílio Vaticano II, emergiu, em certos ambientes, um forte interesse para definir a doutrina católica sobre este tema. Tal interesse era evidente no esquema reformulado da constituição dogmática *De doctrina catholica*, preparada para o Concílio Vaticano I (mas não submetida à votação do Concílio), que apresentava o destino das crianças mortas sem batismo como um estado de meio caminho entre aqueles condenados, de um lado, e aquelas das almas do purgatório e dos beatos, de outro. "Etiam qui cum solo origi-

---

[43] Pio VI. Bula *Auctorem fidei* (*DS* 2626). Sobre este tema, ver: G. J. DYER. *The denial of limbo and the jansenist controversy*, cit., 159-170.

nali peccato mortem obeunt, beata Dei visione in perpetuum carebunt."⁴⁴ No século XX, todavia, os teólogos quiseram poder imaginar novas soluções, incluída a possibilidade de tais crianças obterem a plena salvação de Cristo.⁴⁵

28. Na fase preparatória do Concílio Vaticano II, havia quem desejasse que o Concílio afirmasse a doutrina comum, segundo a qual as crianças não-batizadas não podiam obter a visão beatífica, fechando, assim, a questão. A Comissão Central Preparatória se opôs a tal pedido, embora consciente das muitas argumentações em desfavor da doutrina tradicional e da necessidade de propor uma solução que melhor concordasse com o desenvolvimento do *sensus fidelium*. Pensando que a reflexão teológica sobre esse ponto não estivesse suficientemente madura, o tema

---

[44] *Schema reformatum constitutionis dogmaticae de doctrina catholica*, cap. V, n. 6. In: *Acta et decreta Sacrorum Conciliorum Recentiorum. Collectio Lacensis*, t. 7. Friburgi Brisgoviae, 1890. 565.

[45] Para uma resenha do debate e de algumas novas soluções propostas antes do Concílio Vaticano II, ver: Y. CONGAR. "Morts avant l'aurore de la raison". In: *Vaste monde ma paroisse:* vérité et dimensions du salut. Paris, 1959. 174-183. G. J. DYER. *Limbo:* unsettled question. New York, 1964. 93-182 (com uma ampla bibliografia às pp. 192-196). W. A. VAN ROO. "Infants dying without baptism: a survey of recent literature and determination of the state of the question". In: *Gregorianum* 35 (1954) 406-473. A. MICHEL. *Enfants morts sans baptême*. Paris, 1954. C. JOURNET. *La volonté divine salvifique sur les petits enfants*. Paris, 1958. L. RENWART. "Le baptême des enfants et les limbes". In: *Nouvelle Revue Théologique* 80 (1958) 449-467. H. DE LAVALETTE. "Autour de la question des enfants morts sans baptême". ivi, 82 (1960) 56-69. P. GUMPEL. "Unbaptized infants: may they be saved?" In: *The Downside Review* 72 (1954) 342-458. Id. "Unbaptized infants: a further report". ivi, 73 (1955) 317-346. V. WILKIN. *From limbo to heaven:* an essay on the economy of redemption. New York, 1961. Depois do Concílio Vaticano II: E. BOISSARD. *Réflexions sur le sort des enfants morts sans baptême*. Paris, 1974.

não foi incluído no programa dos trabalhos; não entrou nas deliberações do Concílio e foi deixado aberto para pesquisas ulteriores.[46]

A questão levantava toda uma série de problemas cuja solução era objeto de debate entre os teólogos e, em particular, o valor do ensinamento tradicional da Igreja sobre as crianças que morrem sem batismo; a ausência, na Sagrada Escritura, de indicações explícitas a respeito; a conexão entre ordem natural e vocação sobrenatural dos seres humanos; o pecado original e a vontade salvífica universal de Deus; e os "sucedâneos" do batismo sacramental que se podem invocar para as crianças em tenra idade.

29. A convicção da Igreja Católica sobre a necessidade do batismo para a salvação foi vigorosamente expressa no decreto para os jacobitas no Concílio de Florença, em 1442: as crianças "não podem ser ajudadas a não ser com o sacramento do batismo, que as liberta do poder do demônio e as torna filhas adotivas de Deus".[47] Esse ensinamento pressupõe uma percepção muito clara do favor divino demonstrado na economia sacramental instituída por Cristo. A Igreja não conhece nenhum outro meio capaz de assegurar o acesso à vida eterna a essas crianças. A Igreja, todavia, também reconheceu tradicionalmente alguns substitutos para o batismo de água (que é a incorporação sacramental no mistério de Cristo morto e ressuscitado), a saber: o

---

[46] Para todas as referências, ver: G. Alberigo (Dir.). *Storia del Concilio Vaticano II*. v. I. A. MELLONI (Ed.). *Il cattolicesimo verso una nuova stagione. L'annuncio e la preparazione: gennaio 1959-settembre 1962*. Bologna, 1995. 236-262; 329-332.

[47] *DS* 1349.

batismo de sangue (incorporação em Cristo por meio do testemunho do martírio por Cristo) e o batismo de desejo (incorporação em Cristo através do desejo ou o anelo pelo batismo sacramental).

No decorrer do século XX, alguns teólogos, desenvolvendo algumas teses mais antigas, propuseram reconhecer para as crianças ou alguma forma de batismo de sangue (em consideração aos sofrimentos e morte dessas crianças) ou alguma forma de batismo de desejo, invocando um "desejo inconsciente" nessas crianças, orientado para a justificação, ou o desejo da Igreja.[48] Essas propostas se deparavam, todavia, com algumas dificuldades. De um lado, é difícil atribuir a uma criança o ato de desejo do batismo que pode ter um adulto.

A criança dificilmente é capaz de realizar um ato pessoal plenamente livre e responsável, que poderia substituir o batismo sacramental. Tal ato plenamente livre e responsável se fundamenta sobre um juízo da razão, e não pode ser completamente realizado se a pessoa não tem o uso da razão (*aetas discretionis*: "idade do juízo") suficiente ou apropriado. De outra parte, é difícil compreender como a Igreja possa "suprir" as crianças não-batizadas. Completamente diverso é, ao contrário, o caso do batismo sacramental, enquanto este último, administrado às crianças, obtém a graça em virtude daquilo que é especificamente próprio do sacramento enquanto tal, ou seja, o dom certo da regeneração por meio do poder de Cristo mesmo. Por

---

[48] Sobre estas propostas e sobre os questionamentos levantados por elas, ver: G. J. DYER. *The denial of limbo*, cit., 102-122.

esse motivo, Pio XII, recordando a importância do batismo sacramental, assim se expressou na sua alocução às parteiras italianas em 1951:

> Todavia, o estado de graça no momento da morte é absolutamente necessário para a salvação; sem esse não é possível chegar à felicidade sobrenatural, a visão beatífica de Deus. Um ato de amor pode bastar ao adulto para conseguir a graça santificante e suprir a falta do batismo: ao ainda não-nascido ou à criança neonata esta via não está aberta.[49]

Essas palavras deram lugar a uma nova reflexão por parte dos teólogos sobre as disposições das crianças para a recepção da graça divina, sobre a possibilidade de uma configuração extra-sacramental com Cristo e sobre a mediação materna da Igreja.

30. Entre as questões discutidas atinentes a este tema, é necessário mencionar a da gratuidade da ordem sacramental. Antes do Concílio Vaticano II, em outras circunstâncias e em referência a outras questões, Pio XII havia trazido com decisão este tema à atenção da Igreja afirmando que, se sustém que Deus não pode criar seres inteligentes sem ordená-los e chamá-los à visão beatífica, é destruída a idéia da gratuidade da ordem sobrenatural.[50] A bondade e a justiça

---

[49] PIO XII. "Allocuzione al Congresso dell'Unione Cattolica Italiana delle Ostetriche". In: *AAS* 43 (1951) 841.

[50] Cf. PIO XII. Carta encíclica *Humani generis*. ivi, 42 (1950) 570: "Alii veram 'gratuitatem' ordinis supernaturalis corrumpunt, cum autument Deum entia intellectu praedita condere non posse, quin eadem ad beatificam visionem

de Deus não significam que a graça venha dada necessária ou "automaticamente". Entre os teólogos, a reflexão sobre a sorte das crianças não-batizadas trouxe consigo, desde então, uma consideração renovada da absoluta gratuidade da graça e do ordenamento de todos os seres humanos a Cristo e a redenção, que ele obteve por nós.

31. Sem responder diretamente à interrogação sobre a sorte das crianças não-batizadas, o Concílio Vaticano II indicou numerosos caminhos que podiam guiar a reflexão teológica. O Concílio recordou muitas vezes a universalidade da vontade salvífica de Deus, que se estende a todas as pessoas (1Tm 2,4).[51] Todos "têm, igualmente, um único fim comum, Deus, cuja Providência, testemunhos de bondade, e planos de salvação, abarcam a todos" (*Nostra aetate*, n. 1. Cf. *Lumen gentium*, n. 16).

Seguindo uma impostação mais particular, na qual se apresenta uma concepção da vida humana fundada sobre a dignidade do ser humano criado à imagem de Deus, a constituição *Gaudium et spes* recorda que "a razão principal da dignidade humana consiste na vocação do ser humano para a comunhão com Deus", precisando que "já desde sua origem o ser humano é convidado para o diálogo com Deus" (*Gaudium et spes*, n. 19). A mesma constituição proclama com força que somente no mistério do Verbo encarnado encontra verdadeira luz o mistério do ser humano. Recordemos, além

---

ordinet et vocet" (e in *Civ. Catt.* 1950 III 466: "Altri poi snaturano il concetto della gratuità dell'ordine soprannaturale, quando sostengono che Dio non può creare esseri intelligenti senza ordinarli e chiamarli alla visione beatifica").

[51] Cf. *Lumen gentium*, nn. 15-16. *Nostra aetate*, n. 1. *Dignitatis humanae*, n. 11. *Ad gentes*, n. 7.

disso, a célebre afirmação do Concílio: "Com efeito, tendo Cristo morrido por todos e sendo uma só a vocação última do ser humano, isto é, divina, devemos admitir que o Espírito Santo oferece a todos a possibilidade de associarem-se, de modo conhecido por Deus, a esse mistério pascal" (n. 22). Apesar de o Concílio não ter expressamente aplicado esse ensinamento às crianças que morrem sem batismo, esse texto abre um caminho para dar razões da esperança em favor delas.[52]

1.7 Problemas de natureza hermenêutica

32. O estudo da história demonstra com clareza que houve uma evolução e um desenvolvimento do ensinamento católico sobre a sorte das crianças que morrem sem batismo. Esse progresso leva em conta alguns princípios doutrinais fundamentais, que ficam permanentes, e alguns elementos secundários de valores diversos. De fato, a revelação não comunica de modo direto e explícito o conhecimento do plano de Deus para as crianças não-batizadas, mas ilumina a Igreja quanto aos princípios de fé que devem guiar seu pensamento e sua prática. Uma leitura teológica da história do Magistério católico até o Concílio Vaticano II mostra, em

---

[52] Ver, por exemplo, entre outras, as observações de K. RAHNER, "Die bleibende Bedeutung des II Vatikanischen Konzils", in Id., *Schriften zur Theologie*, B. XIV, Zürich-Köln-Einsiedeln, 1980, 314-316. Com matizes diversos: J.-H. NICOLAS. *Synthèse dogmatique. De la Trinité à la Trinité*. Fribourg-Paris, 1985. 848-853. Ver, também, as observações de J. Ratzinger, que, como teólogo privado, expressou as suas considerações em V. MESSORI em colóquio com o cardeal J. RATZINGER, *Rapporto sulla fede*, Cinisello Balsamo (Mi), 1985, 154-155.

particular, que são três as afirmações principais pertencentes à fé da Igreja que estão no coração do problema da sorte das crianças não batizadas:

I) Deus quer que todos os seres humanos sejam salvos.

II) Esta salvação é dada somente por meio da participação no mistério pascal de Cristo através do batismo para a remissão dos pecados, seja sacramental, seja mediante outra forma. Os seres humanos, inclusive as crianças, não podem ser salvos sem a graça de Deus derramada pelo Espírito Santo.

III) As crianças não entram no Reino de Deus se não estão libertadas do pecado original através da graça redentora.

33. A história da teologia e do Magistério mostra, em particular, uma evolução do modo pela qual vem compreendida a vontade salvífica universal de Deus. A tradição teológica do passado (Antigüidade, Idade Média e início dos tempos modernos), e, em particular, a tradição agostiniana, freqüentemente apresenta uma concepção que, em confronto com os desenvolvimentos teológicos modernos, poderia aparecer como uma idéia "restritiva" da universalidade da vontade salvífica de Deus.[53]

Na pesquisa teológica, somente em tempos relativamente recentes a vontade divina de salvar vem percebida como "quantitativamente" universal. No nível do Magisté-

---

[53] Ver nota 28, anterior.

rio, essa concepção mais ampla foi afirmada progressivamente. Sem procurar fixar datas precisas, podemos observar que apareceu de modo claro no século XIX, sobretudo no Magistério de Pio IX, a possibilidade de salvação daqueles que, sem culpa própria, estão na ignorância da fé católica; aqueles que

> levam uma vida honesta e reta podem, com a ajuda da luz e graça divinas, conseguir a vida eterna, já que Deus, que perfeitamente vê, perscruta e conhece as mentes, as almas, os pensamentos e o comportamento de todos, não permite, por sua suma bondade e clemência, seja punido com os suplícios eternos quem não é réu de culpa voluntária.[54]

Uma tal integração e maturação da doutrina católica havia suscitado, nesse meio tempo, uma nova reflexão sobre possíveis caminhos de salvação para as crianças não-batizadas.

34. Na tradição da Igreja, a afirmação de que as crianças mortas sem batismo estão privadas da visão beatífica foi, por longo tempo, "doutrina comum". Ela estava fundada em um certo modo de reconciliar os princípios recebidos da revelação, mas não possuía a certeza de uma afirmação de fé, nem a mesma certeza de outras afirmações cuja negação

---

[54] PIO IX. Carta encíclica *Quanto conficiamur*, 10 de setembro de 1863 (*DS* 2866): "[...] qui [...] honestam rectamque vitam agunt, posse, divinae lucis et gratiae operante virtute, aeternam consequi vitam, cum Deus, qui omnium mentes, animos, cogitationes habitusque plane intuetur, scrutatur et noscit, pro summa sua bonitate et clementia minime patiatur, quempiam aeternis puniri suppliciis, qui voluntarie culpae reatum non habeat".

seria refutar um dogma divinamente revelado ou um ensinamento proclamado por um ato definitivo do Magistério. O estudo da história da reflexão da Igreja sobre a matéria evidencia a necessidade de fazer algumas distinções. Em suma, distinguimos, antes de tudo, as afirmações de fé e o que pertence à fé; em segundo lugar, a doutrina comum; e, em terceiro lugar, a opinião teológica.

35. a) A argumentação dos pelagianos, segundo a qual as crianças não-batizadas têm acesso à "vita eterna", deve ser considerada contrária à fé católica.

36. b) A afirmação de que "a pena do pecado original é a falta da visão beatífica", formulada por Inocêncio III,[55] pertence à fé: o pecado original é, em si mesmo, um impedimento para a visão beatífica. É necessária a graça para ser purificado do pecado original e para ser elevado à comunhão com Deus, para, assim, poder entrar na vida eterna e gozar da visão de Deus. Historicamente, a doutrina comum aplicou essa afirmação à sorte das crianças não-batizadas e concluiu que elas estão privadas da visão beatífica. Todavia, o ensinamento do papa Inocêncio III, no seu conteúdo de fé, não significa, necessariamente, que as crianças que morrem sem o batismo sacramental estão privadas da graça e condenadas à perda da visão beatífica, e nos permite esperar que Deus, que quer que todos sejam salvos, ofereça algum remédio misericordioso para que elas possam ser purificadas do pecado original e ter acesso à visão beatífica.

---

[55] Cf. INOCÊNCIO III. Carta a Imberto, arcebispo de Arles. *Maiores Ecclesiae causas* (*DS* 780).

37. c) Nos documentos do Magistério da Idade Média, a referência à existência de "penas diversas" para aqueles que morrem em pecado mortal atual ou só com o pecado original ("As almas daqueles que morrem em pecado mortal, ou só com o pecado original, imediatamente descem ao inferno para serem punidas, mesmo se com penas diferentes")[56] deve ser interpretada à luz do ensinamento comum da época. Historicamente, tais afirmações foram, certamente, aplicadas às crianças não-batizadas, com a conclusão de que elas sofrem uma pena pelo pecado original.

Ocorre observar, todavia, que, em linha geral, o objeto desses pronunciamentos da Igreja não versava tanto sobre a falta de salvação para as crianças não-batizadas quanto sobre a imediação do juízo particular depois da morte e a destinação das almas ao céu ou ao inferno. Essas afirmações magisteriais não nos obrigam a pensar que tais crianças morram necessariamente com o pecado original e que, assim, não exista nenhuma via de salvação para elas.

38. d) A bula *Auctorem fidei*, do papa Pio VI, não é uma definição dogmática da existência do limbo: a bula papal se limita a rechaçar a acusação jansenista segundo a qual o "limbo", ensinado pelos teólogos escolásticos, era idêntico à "vida eterna" prometida às crianças não-batizadas pelos antigos pelagianos. Pio VI não condenou os jansenistas por negarem o limbo, mas por sustentarem que os defensores do limbo eram culpados da heresia pelagiana. Ao sustentar a liberdade por parte das escolas católicas de propor soluções

---

[56] CONCÍLIO DE LYON II. *Profissão de fé de Miguel Paleólogo* (*DS* 858). Ver, antes, nota 38.

diversas ao problema da sorte das crianças não-batizadas, a Santa Sé defendia o ensinamento comum como uma opção aceitável e legítima, sem torná-lo seu.

39. e) A "Alocução às parteiras italianas", de Pio XII,[57] na qual se afirma que "não há outro meio para comunicar esta vida (sobrenatural) à criança, que ainda não tem o uso da razão", expressou a fé da Igreja sobre a necessidade da graça para conseguir a visão beatífica e a necessidade do batismo como meio para receber tal graça.[58] A especificação de que as crianças em tenra idade (ao contrário dos adultos) não estão em condições de agir por conta própria, isto é, são incapazes de um ato de razão e de liberdade que poderia "suprir" o batismo, não constituiu um pronunciamento sobre o conteúdo das teorias teológicas da época e não proibiu a pesquisa teológica de outros caminhos de salvação. Ou melhor, Pio XII recordou os limites dentro dos quais se deveria situar o debate e com firmeza reafirmou a obrigação moral de administrar o batismo às crianças em perigo de morte.

40. Em síntese: a afirmação segundo a qual as crianças que morrem sem batismo sofrem a privação da visão beatífica foi, durante muito tempo, doutrina comum da Igreja, o que é algo distinto da fé da Igreja. Quanto à teoria da privação da visão beatífica como a única pena dessas crianças, com exclusão de qualquer outro sofrimento, essa é uma opinião teológica, não obstante a sua ampla difusão no Ocidente. A particular tese teológica concernente a uma "felicidade natural" atribuída, por vezes, a essas crianças constitui, igualmente, uma opinião teológica.

---

[57] In: *AAS* 43 (1951) 841.
[58] Ver, antes, 1.6. E capítulo 2: 2.4.

41. Por conseguinte, além da teoria do limbo (que permanece uma opinião teológica possível), pode haver outros caminhos que integram e salvaguardam os princípios de fé fundados na Escritura: a criação do ser humano em Cristo e a sua vocação à comunhão com Deus; a vontade salvífica universal de Deus; a transmissão e as conseqüências do pecado original; a necessidade da graça para entrar no Reino de Deus e alcançar a visão de Deus; a unicidade e a universalidade da mediação salvífica de Jesus Cristo; e a necessidade do batismo para a salvação.

Não se chega a esses outros caminhos modificando os princípios de fé ou elaborando teorias hipotéticas. Ou melhor, procuram uma integração e uma reconciliação coerente dos princípios da fé sob a guia do Magistério eclesial, atribuindo um peso maior à vontade salvífica universal de Deus e à solidariedade em Cristo (cf. *Gaudium et spes*, n. 22), para motivar a esperança de que as crianças que morrem sem batismo possam gozar da vida eterna na visão beatífica.

Seguindo um princípio metodológico pelo qual aquilo que é menos conhecido deve ser investigado à luz daquilo que é mais bem conhecido, o ponto de partida de uma pesquisa sobre a sorte dessas crianças parece ser a vontade salvífica de Deus, a mediação de Cristo e o dom do Espírito Santo, além da consideração da condição das crianças que recebem o batismo e são salvas mediante a ação da Igreja em nome de Cristo. A sorte das crianças não-batizadas continua sendo um caso-limite na pesquisa teológica: os teólogos deveriam ter presente a perspectiva apofática dos Padres gregos.

Capítulo 2

INQUIRERE VIAS DOMINI: INDAGAR OS CAMINHOS DE DEUS. PRINCÍPIOS TEOLÓGICOS

42. Dado que nenhuma resposta explícita sobre o tema objeto do nosso estudo provém da revelação tal como está contida na Sagrada Escritura e na Tradição, o fiel católico deve recorrer a alguns princípios teológicos subjacentes, que a Igreja, e especificamente o Magistério, guardião do depósito da fé, articulou com a assistência do Espírito Santo. Como afirma o Concílio Vaticano II: "Existe uma ordem ou 'hierarquia' de verdades na doutrina católica, já que o nexo entre elas com o fundamento da fé cristã é diverso" (*Unitatis redintegratio*, n. 11). Enfim, nenhum ser humano pode salvar a si mesmo. A salvação provém somente de Deus Pai por meio de Jesus Cristo no Espírito Santo. Essa verdade fundamental (da "necessidade absoluta" do ato salvífico de Deus para com os seres humanos) se revela na história através da mediação da Igreja e de seu ministério sacramental. A *ordo tractandi* que adotaremos aqui segue a *ordo salutis*, com uma única exceção: colocamos a dimensão antropológica entre a trinitária e a eclesiológico-sacramental.

2.1 A vontade salvífica universal de Deus realizada através da única mediação de Jesus Cristo no Espírito Santo

43. No contexto da discussão sobre a sorte daquelas crianças que morrem sem batismo, o mistério da vontade salvífica universal de Deus é um princípio central e fundamental. A profundidade desse mistério se reflete no paradoxo do amor divino que se manifestou tanto de modo universal quanto preferencial.

44. No Antigo Testamento, Deus é chamado de salvador do povo de Israel (cf. Ex 6,6; Dt 7,8; 13,5; 32,15; 33,29; Is 41,14; 43,14; 44,24; Sl 78; 1Mc 4,30). Contudo, o seu amor preferencial por Israel tem um alcance universal, que se estende a cada pessoa individualmente (cf. 2Sm 22,18.44.49; Sl 25,5; 27,1) e a todos os seres humanos: "Sim, tu amas tudo o que criaste, não te aborreces com nada do que fizeste; se alguma coisa tivesses odiado não a terias feito" (Sb 11,24). Por meio de Israel as nações pagãs encontrarão a salvação (cf. Is 2,1-4; 42,1; 60,1-14). "Também te estabeleci como luz das nações, a fim de que a minha salvação chegue até as extremidades da terra" (Is 49,6).

45. Este amor preferencial e universal de Deus se relaciona intimamente e se realiza de um modo único e exemplar em Jesus Cristo, que é o único Salvador de todos (cf. At 4,12), mas em particular de quem quer que se faça pequeno ou humilde (*tapeinōsei*) como os "pequenos". Efetivamente, Jesus, ele próprio manso e humilde de coração (cf. Mt 11,29), mantém com eles uma misteriosa afinidade e solidariedade (cf. Mt 18,3-5; 10,40-42; 25,40.45). Jesus

afirma que o cuidado desses pequenos é confiado aos anjos de Deus (cf. Mt 18,10). "Assim também, não é da vontade de vosso Pai, que está nos céus, que um destes pequeninos se perca" (Mt 18,14). Esse mistério da sua vontade, segundo o beneplácito do Pai,[1] foi revelado por meio do Filho[2] e distribuído por meio do dom do Espírito Santo.[3]

46. A universalidade da graça salvífica de Deus Pai, assim como é realizada por meio da mediação única e universal de seu Filho Jesus Cristo, é expressa com força na Primeira Carta a Timóteo:

> Eis o que é bom e aceitável diante de Deus, nosso Salvador, que quer (*thelei*) que todos os seres humanos sejam salvos e cheguem ao conhecimento da verdade. Pois há um só Deus, e um só mediador entre Deus e os seres humanos, um homem, Cristo Jesus, que se deu em resgate por todos. Este é o testemunho dado nos tempos estabelecidos (2,3-6).

A repetição enfática de "todos" (vv. 1, 4, 6) e a justificação dessa universalidade baseada na unicidade de Deus e de seu mediador, que é *ele* mesmo um homem, sugerem que ninguém está excluído dessa vontade salvífica. Na medida em que é objeto de oração (cf. 1Tm 2,1), essa vontade salvífica (*thelema*) se refere a uma vontade que é sincera da parte de Deus, mas à qual, às vezes, os seres humanos resistem.[4] Por conseguinte, nós devemos rezar ao nosso Pai

---

[1] Cf. Ef 1,6.9: "O beneplácito (*eudokía*) de sua vontade".
[2] Cf. Lc 10,22: "E aquele a quem o Filho o quiser (*bouletai*) revelar".
[3] Cf. 1Cor 12,11: "Distribuindo a cada um como quiser (*bouletai*)".
[4] Cf., por exemplo, Mt 23,37.

celeste para que se faça a sua vontade (*thelema*) assim na terra como no céu (cf. Mt 6,10).

47. O mistério dessa vontade, revelado a Paulo, "o menor entre todos os santos" (Ef 3,8), tem as suas raízes no projeto do Pai de tornar seu Filho não só "o primogênito entre muitos irmãos" (Rm 8,29), mas também "o primogênito de toda a criação [...] e o primogênito dos mortos" (Cl 1,15.18). Essa revelação nos permite descobrir na mediação do Filho as dimensões universal e cósmica, que superam toda divisão (cf. *Gaudium et spes*, n. 13). Com referência à universalidade do gênero humano, a mediação do Filho supera I) as várias divisões culturais, sociais e de gênero: "Não há judeu nem grego, não há escravo nem livre, não há homem nem mulher" (Gl 3,28); e II) as divisões causadas pelo pecado, tanto internas (cf. Rm 7) quanto interpessoais (cf. Ef 2,14): "De modo que, como pela desobediência de um só homem todos se tornaram pecadores, assim pela obediência de um só homem todos se tornarão justos" (Rm 5,19).

Com referência às divisões cósmicas, Paulo explica: "Pois nele aprouve a Deus fazer habitar toda a Plenitude e reconciliar por ele e para ele todos os seres, os da terra e os dos céus, realizando a paz pelo sangue de sua cruz" (Cl 1,19-20). Ambas as dimensões estão reunidas na Carta aos Efésios (1,7-10): "E é pelo sangue deste que temos a redenção, a remissão dos pecados [...] conforme decisão prévia que lhe aprouve tomar [...]: a de em Cristo encabeçar todas as coisas, as que estão nos céus e as que estão na terra".

48. Certamente, não vemos, ainda, a realização desse mistério de salvação, "pois nossa salvação é objeto de

esperança" (Rm 8,24). Este é, com efeito, o testemunho do Espírito Santo, o qual, ao mesmo tempo, encoraja os cristãos a rezar e a esperar na ressurreição final:

> Pois sabemos que a criação inteira geme e sofre as dores de parto até o presente. E não somente ela. Mas também nós, que temos as primícias do Espírito, gememos interiormente, suspirando pela redenção do nosso copo. [...] Assim também o Espírito socorre nossa fraqueza. Pois não sabemos o que pedir como convém; mas o próprio Espírito intercede por nós com gemidos inefáveis (Rm 8,22-23.26).

Portanto, os gemidos do Espírito não só ajudam as nossas orações, mas encerram, por assim dizer, os sofrimentos de todos os adultos, de todas as crianças e da criação inteira.[5]

49. O Sínodo de Quierzy (853) afirma: "Deus onipotente 'quer que todos os seres humanos' sem exceção 'sejam salvos' (1Tm 2,4), ainda que nem todos se salvem. Que alguns sejam salvos é dom *daquele* que salva; que outros, pelo contrário, se percam, é culpa de quem se perde".[6] Pondo em relevo as implicações positivas desta declaração sobre a solidariedade universal de todos no mistério de Jesus Cristo, o Sínodo, além disso, afirma: "Como não há, não houve nem haverá ser humano algum cuja natureza não tenha sido assumida em Jesus Cristo nosso Senhor, assim

---

[5] Cf. *Catecismo* 307.
[6] *DS* 623.

também não há, não houve nem haverá algum ser humano por quem *ele* não sofreu, ainda que nem todos sejam redimidos pelo mistério de sua Paixão".[7]

50. Essa convicção cristocêntrica encontrou expressão em toda a tradição católica. Santo Ireneu, por exemplo, cita o texto paulino, afirmando que Cristo virá de novo para "recapitular nele todas as coisas" (Ef 1,10), porque todo joelho se dobre nos céus, na terra e debaixo da terra, e toda língua proclame que Jesus Cristo é o Senhor.[8] Por sua parte, santo Tomás de Aquino, apoiando-se mais uma vez no texto paulino, afirma: "Cristo é o mediador perfeito entre Deus e os seres humanos, porque reconciliou o gênero humano com Deus por meio de sua morte".[9]

51. Os documentos do Concílio Vaticano II não só citam o texto paulino em sua totalidade (cf. *Lumen gentium*, n. 60; *Ad gentes*, n. 7), mas se referem a ele (cf. *Lumen gentium*, n. 49) e, além disso, utilizam repetidamente a designação *Unicus Mediator Christus* (*Lumen gentium*, nn. 8, 14, 62). Essa afirmação-chave da fé cristológica encontra, também, expressão no Magistério pontifício pós-conciliar: "'Pois não há, debaixo do céu, outro nome dado aos seres humanos pelo qual devamos ser salvos' (At 4,12). Esta afirmação [...] tem um valor universal, já que, para todos [...] a salvação só pode vir de Jesus Cristo".[10]

---

[7] *DS* 624.
[8] Ver: IRINEU. *Adv. Haer.*, I, 10, 1 (*PG* 7, 550).
[9] TOMÁS DE AQUINO. *Summa Theologiae* III, q. 26, a. 1, *corpus*.
[10] JOÃO PAULO II. Carta encíclica *Redemptoris missio*, n. 5.

52. A declaração *Dominus Iesus* resume, brevemente, a convicção e a atitude da Igreja Católica: "Portanto, deve-se crer firmemente como verdade da fé católica que a vontade salvífica universal de Deus Uno e Trino é oferecida e realizada de uma vez para sempre no mistério da encarnação, morte e ressurreição do Filho de Deus".[11]

2.2 A universalidade do pecado e a necessidade universal da salvação

53. A vontade salvífica universal de Deus através da mediação de Jesus Cristo, em uma misteriosa relação com a Igreja, se dirige a todos os seres humanos, que, segundo a fé da Igreja, são pecadores necessitados de salvação. Já no Antigo Testamento, em quase todos os livros, é mencionada a natureza tomada pelo pecado humano. O livro do Gênesis afirma que o pecado não teve origem em Deus, mas no ser humano, porque Deus criou cada coisa e viu que tudo era bom (cf. Gn 1,31). A partir do momento em que o gênero humano começou a multiplicar-se sobre a terra, Deus teve de levar em conta a pecaminosidade dos seres humanos: "O Senhor viu que a maldade do ser humano era grande sobre a terra, e que era continuamente mau todo desígnio de seu coração".

Até "arrependeu-se de ter feito o ser humano sobre a terra" e ordenou que um dilúvio destruísse todo ser vivente, com exceção de Noé, que tinha encontrado graça diante de seus olhos (cf. Gn 6,5-7). Mas nem sequer o dilúvio mudou

---

[11] CONGREGAÇÃO PARA A DOUTRINA DA FÉ. Declaração *Dominus Iesus*, n. 14.

a inclinação humana ao pecado: "Eu não amaldiçoarei nunca mais a terra por causa do ser humano, porque os desígnios do coração do ser humano são maus desde a sua infância" (Gn 8,21). Os autores do Antigo Testamento estavam convencidos de que o pecado está profundamente radicado e difundido na humanidade (cf. Pr 20,9; Ecl 7,20.29). Por isso são freqüentes as súplicas para alcançar o perdão de Deus, como no Sl 143,2: "Não entres em julgamento com teu servo, pois diante de ti nenhum vivente é justo", ou na oração de Salomão: "Quando tiverem pecado contra ti — pois não há pessoa alguma que não peque — [...] se retornarem a ti de todo o coração e de toda a sua alma [...] escuta no céu onde resides sua prece [...] perdoa a teu povo os pecados que cometeu contra ti" (1Rs 8,46.48-50).

Em alguns textos, o ser humano é declarado pecador desde o seu nascimento. Declara o salmista: "Eis que eu nasci na iniqüidade, minha mãe concebeu-me no pecado" (Sl 51,7). E a afirmação de Elifaz: "Como pode o homem ser puro ou inocente nascido de mulher?" (Jó 15,14; cf. 25,4) está de acordo com as convicções do mesmo Jó (cf. Jó 14,1.4) e de outros autores bíblicos (cf. Sl 58,3; Is 48,8). Na literatura sapiencial, há, até, um início de reflexão sobre os efeitos do pecado dos primeiros pais, Adão e Eva, sobre todo o gênero humano: "Foi por inveja do diabo que a morte entrou no mundo: experimentam-na aqueles que lhe pertencem" (Sb 2,24); "Foi pela mulher que começou o pecado, por sua culpa todos morremos" (Eclo 25,24).[12]

---

[12] Outros testemunhos das crenças judaicas sobre a influência de Adão nos tempos de Paulo são: 2 Apoc. Bar. 17,3; 23,4; 48,42; 54,15; 4 Esdra 3,7; 7,118. "Ó

54. Para Paulo, a universalidade da redenção realizada por Jesus Cristo encontra o seu correspondente na universalidade do pecado. Quando Paulo afirma na sua Carta aos Romanos "que todos, tanto os judeus como os gregos, estão debaixo do pecado" (Rm 3,9),[13] e que nenhum pode ficar excluído desta sentença universal, fundamenta-se, naturalmente, na Escritura: "Conforme está escrito: não há ser humano justo, não há um sequer, não há quem entenda, não há quem busque a Deus. Todos se transviaram, todos juntos se corromperam, não há quem faça o bem, não há um sequer" (Rm 3,10-12, que cita Ecl 7,20 e Sl 14,1-3, que é idêntico a Sl 53,1-3). De uma parte, todos os seres humanos são pecadores e necessitam ser libertados mediante a morte e a ressurreição redentora de Jesus Cristo, novo Adão. Não as obras da lei, mas somente a fé em Jesus Cristo pode salvar os seres humanos, quer hebreus, quer gentios.

De outra parte, a condição de pecado da humanidade está ligada ao pecado do primeiro homem, Adão. Esta solidariedade com o primeiro homem, Adão, está enunciada em dois textos paulinos: 1Cor 15,21 e, em particular, Rm 5,12: "Eis por que, como por meio de um só homem o pecado entrou no mundo e, pelo pecado, a morte, assim a morte passou a todos os seres humanos, porque (em grego: *eph'hō*. Outras possíveis traduções: "pelo fato de" ou "como resultado de")[14] todos pecaram". Neste anacoluto, a

---

Adão, o que fizeste? Apesar de seres tu a pecar, a queda não foi só tua, mas também nossa, que somos os teus descendentes."

[13] Cf. Rm 3,23: "Todos pecaram e todos estão privados da glória de Deus".

[14] Na Igreja ocidental, a frase grega *eph'hō* era entendida como uma cláusula relativa com um pronome masculino que se referia a Adão ou um pronome

causalidade primordial da condição de pecado e de morte da humanidade é atribuída a Adão, como quer que seja interpretada a expressão *eph'hō*. A causalidade universal do pecado de Adão está pressuposta em Rm 5,5a, 16a, 17a, 18a, e explicitada em 5,19a: "Como pela desobediência de um só homem todos se tornaram pecadores". Paulo, contudo, nunca explica como é transmitido o pecado de Adão.

Contra Pelágio, que pensava que Adão tivesse influenciado a humanidade dando-lhe um mau exemplo, Agostinho objetava que o pecado de Adão se transmitia por propagação ou herança, levando, assim, a doutrina do "pecado original" à sua expressão clássica.[15] Sob a influência de Agostinho, a Igreja do Ocidente interpretou, quase unanimemente, Rm 5,12 no sentido de um "pecado" hereditário.[16]

---

neutro que se referia ao pecado (*peccatum*) (cf. Vetus Latina e Vulgata *in quo*). Inicialmente, Agostinho aceitou as duas interpretações, mas, dando-se conta de que a palavra grega para pecado era feminina (*hamartía*), ele optou pela primeira interpretação, que indicava a incorporação de todos os seres humanos em Adão. Agostinho foi seguido por muitos teólogos latinos, que diziam "sive in Adamo, sive in peccato", ou "in Adamo". Esta última interpretação não era conhecida na Igreja do Oriente antes de João Damasceno. Diversos Padres gregos entenderam *eph'hō* como "a causa do qual", ou seja, de Adão, "todos pecaram". A frase também foi interpretada como uma conjunção, e traduzida por "dado que, pelo fato que", "a condição que" ou "por causa disto". J. FITZMYER (*Romans* [AB, 33]. New York, 1992. 413-416) examina 11 possíveis interpretações e pende por um significado de tipo consecutivo: "*Eph'hō* significaria, por conseguinte, que Paulo está exprimindo um resultado, a conseqüência da triste influência de Adão sobre a humanidade através da ratificação do seu pecado nos pecados de todos os seres humanos" (p. 416).

[15] *De nuptiis et concupiscentia* II, 12, 15 (*PL* 44, 450): "Non ego finxi originale peccatum quod catholica fides credit antiquitus".

[16] O *Catecismo da Igreja Católica* 404 fala de "um pecado que será transmitido por propagação à humanidade inteira, isto é, pela transmissão de uma natureza

55. Em continuação a isso, o Concílio de Trento, na sua V Sessão, definiu:

> Se alguém afirma que a prevaricação de Adão lesa só a ele, e não também à sua descendência; que perde somente para si, e não também para nós, a santidade e a justiça recebida de Deus; ou que ele, corrompido pelo pecado de desobediência, transmite a todo gênero humano "só a morte" e as penas do corpo, e não também o pecado, que é a morte da alma, seja anátema. Contradiz, de fato, o apóstolo, que afirma: "Por causa de um só homem entrou o pecado no mundo, e com o pecado a morte. Assim também a morte atingiu a todos os seres humanos, porque nele todos pecaram" (Rm 5,12. *Vulgata*).[17]

56. Como lemos no *Catecismo da Igreja Católica*:

> A doutrina do pecado original é por assim dizer "o reverso" da Boa-Notícia de que Jesus é o Salvador de todos os seres humanos, de que todos têm necessidade da salvação e de que a salvação é oferecida a todos graças a Cristo. A Igreja, que tem o senso de Cristo, sabe perfeitamente que não se pode atentar contra a revelação do pecado original sem atentar contra o mistério de Cristo.[18]

---

humana privada da santidade e da justiça originais". E acrescenta: "E é por isso que o pecado original é denominado 'pecado' de maneira analógica: é um pecado 'contraído' e não 'cometido', um estado e não um ato".

[17] CONCÍLIO DE TRENTO. Quinta Sessão. *Decreto sobre o pecado original* (*DS* 1512). O decreto de Trento retoma o segundo cânon do Concílio de Orange (529).

[18] *Catecismo* 389.

2.3 A necessidade da Igreja

57. A tradição católica tem afirmado, constantemente, que a Igreja é necessária para a salvação, enquanto mediação histórica da obra redentora de Jesus Cristo. Essa convicção encontrou a sua expressão clássica no adágio de são Cipriano: "Salus extra Ecclesiam non est".[19] O Concílio Vaticano II confirmou essa expressão de fé:

> Apoiado na Sagrada Escritura e na Tradição, [o Concílio] ensina que esta Igreja peregrina é necessária para a salvação. O único Mediador e o caminho da salvação é Cristo, que se nos torna presente no seu corpo, que é a Igreja. Ele, porém, inculcando com palavras expressas a necessidade da fé e do batismo (cf. Mc 16,16; Jo 3,5), ao mesmo tempo confirmou a necessidade da Igreja, na qual os seres humanos entram pelo batismo como por uma porta. Por isso não podem salvar-se aqueles que, sabendo que a Igreja Católica foi fundada por Deus através de Jesus Cristo como instituição necessária, apesar disso não quiserem nela entrar ou nela perseverar (*Lumen gentium*, n. 14).

---

[19] CIPRIANO. *Epistola ad Iubaianum* 73, 21 (PL 3, 1123). Ver também: CONCÍLIO DE FLORENÇA. Bula *Cantate Domino* (*DS* 1351): "A Igreja firmemente crê, confessa e prega que 'nenhum daqueles que estão fora da Igreja Católica, não só os pagãos' mas também os judeus ou heréticos e os cismáticos, poderão alcançar a vida eterna, mas irão para o fogo eterno, 'preparado pelo diabo e seus anjos' (Mt 25,41), a não ser que antes de sua morte se unirem a ela [...]". "Ninguém, por mais esmolas que tiver dado e até tenha derramado seu sangue em nome de Cristo, pode ser salvo se não permanecer no seio e na unidade da Igreja Católica" (FULGÊNCIO DE RUSPE. *Liber De fide, ad Petrum liber unus*, 38, 79 e 39, 80).

O Concílio se deteve, mais vezes, sobre o mistério da Igreja: "E porque a Igreja é em Cristo como que o sacramento ou sinal e instrumento da íntima união com Deus e da unidade de todo gênero humano" (*Lumen gentium*, n. 1). "Mas assim como Cristo consumou a obra da redenção na pobreza e na perseguição, assim a Igreja é chamada a seguir o mesmo caminho a fim de comunicar aos seres humanos os frutos da salvação" (*Lumen gentium*, n. 8). "Ressurgindo dos mortos (cf. Rm 6,9), enviou aos discípulos o seu vivificante Espírito, e por ele constituiu seu corpo, que é a Igreja, como sacramento universal de salvação" (*Lumen gentium*, n. 48). O que chama a atenção nessa citação é o alcance universal do papel de mediação que realiza a Igreja ao conceder a salvação de Deus: "a unidade de todo o gênero humano", "a salvação de [todos] os seres humanos", "sacramento universal de salvação".

58. Diante de novos problemas e situações e de uma interpretação exclusiva do adágio "salus extra ecclesiam non est"[20] nos últimos tempos, o Magistério articulou uma compreensão mais matizada do modo como pode ser realizada uma relação salvífica com a Igreja. A alocução do papa Pio IX, *Singulari quadam* (1854), expõe com clareza as questões implicadas:

> Em virtude da fé deve-se manter, por conseguinte, que fora da Igreja apostólica romana ninguém pode ser salvo,

---

[20] Cf. BONIFÁCIO VIII. Bula *Unam Sanctam*: "Porro subesse Romano Pontifici omni humanae creaturae declaramus, dicimus, diffinimus omnino esse de necessitate salutis" ("E declaramos, afirmamos e definimos que estar submisso ao Pontífice Romano é necessário para a salvação de toda criatura humana") (*DS* 875. Cf. *DS* 1351).

enquanto ela é a única arca da salvação. Quem não entrar nela, perecerá no dilúvio. Porém, deve-se, igualmente, ter como certo aqueles que vivem em ignorância da verdadeira religião e, se essa ignorância é invencível, eles não estão implicados, por isso, em culpa alguma ante os olhos do Senhor.[21]

59. Esclarecimentos posteriores oferece a *Carta do Santo Ofício ao Arcebispo de Boston* (1949):

> Dado que não se requer sempre, para que um obtenha a salvação eterna, que esteja realmente (*reapse*) incorporado como membro da Igreja, mas se requer, pelo menos, que ele adira à mesma com o voto ou o desejo (*voto et desiderio*). Porém, não é necessário que esse voto seja sempre explícito, como sucede com os catecúmenos, mas quando o ser humano sofre de uma ignorância invencível Deus aceita também um voto implícito, chamado com tal nome porque é obtido com aquela boa disposição da alma pela qual o ser humano quer que a sua vontade esteja conforme a vontade de Deus.[22]

60. A vontade salvífica universal de Deus, realizada por meio de Jesus Cristo no Espírito Santo, que compreende a Igreja como sacramento universal de salvação, encontra expressão no Concílio Vaticano II:

> Todos os seres humanos, pois, são chamados a esta católica unidade do Povo de Deus, que prefigura e promove a paz

---

[21] PIO IX. Alocução *Singulari quadam* (*DS* 2865i).
[22] Carta do Santo Ofício ao Arcebispo de Boston (*DS* 3870).

universal. A ela pertencem ou são ordenados de modos diversos quer os fiéis católicos, quer os outros crentes em Cristo, quer, enfim, todos os seres humanos em geral, chamados à salvação pela graça de Deus (*Lumen gentium*, n. 13).

Que a mediação única e universal de Jesus Cristo se realiza no contexto de uma relação com a Igreja é ulteriormente reiterado pelo Magistério pontifício pós-conciliar. A propósito daqueles que não tiveram a oportunidade de chegar a conhecer ou de acolher a revelação do Evangelho, até, neste caso, a encíclica *Redemptoris missio* tem a dizer: "A salvação de Cristo torna-se acessível em virtude de uma graça, [dotada de] uma misteriosa relação com a Igreja".[23]

2.4 A necessidade do batismo sacramental

61. Deus Pai quer configurar com Cristo todos os seres humanos mediante o Espírito Santo, que os transforma e lhes dá força com a sua graça. Ordinariamente, esta configuração com Jesus Cristo acontece por meio do batismo sacramental, através do qual o ser humano é conformado a Cristo, recebe o Espírito Santo, é liberto do pecado e se torna membro da Igreja.

62. As numerosas afirmações batismais do Novo Testamento, em sua variedade, articulam as distintas dimensões do significado do batismo, assim como foi compreendido pelas primeiras comunidades cristãs. Em primeiro lugar, o batismo é designado como remissão dos pecados, como

---

[23] JOÃO PAULO II. Carta encíclica *Redemptoris missio*, n. 10.

banho (cf. Ef 5,26), ou como uma aspersão que purifica o coração de uma má consciência (cf. Hb 10,22; 1Pd 3,21). "Arrependei-vos, e cada um de vós seja batizado em nome de Jesus Cristo para a remissão dos vossos pecados. Então recebereis o dom do Espírito Santo" (At 2,38; cf. At 22,16). Os batizados são, assim, configurados com Jesus Cristo: "Portanto pelo batismo nós fomos sepultados com ele na morte para que, como Cristo foi ressuscitado dentre os mortos pela glória do Pai, assim também nós vivamos vida nova" (Rm 6,4).

63. Além disso, é mencionada, repetidamente, a ação do Espírito Santo em relação ao batismo (cf. Tt 3,5). É convicção da Igreja que o Espírito Santo é concedido no batismo (cf. 1Cor 6,11; Tt 3,5). Cristo ressuscitado age mediante o seu Espírito, que nos torna filhos de Deus (cf. Rm 8,14), confiantes para chamar Deus Pai (cf. Gl 4,6).

64. Finalmente, encontramos afirmações pelas quais com o batismo se é "agregado" ao Povo de Deus, se inicia a formar "um só corpo" (At 2,41). O batismo produz a incorporação do ser humano ao Povo de Deus, corpo de Cristo e templo espiritual. Paulo fala de ser "batizados para ser um só corpo" (1Cor 12,13); Lucas, por sua vez, de "unir-se" à Igreja por meio do batismo (At 2,41). Mediante o batismo, o fiel não é somente um indivíduo, mas torna-se membro do Povo de Deus. Começa a fazer parte da Igreja, a que Pedro chama "uma raça eleita, um sacerdócio real, uma nação santa, o povo de sua particular propriedade" (1Pd 2,9).

65. A tradição de administrar o batismo sacramental é estendida a todos, também às crianças. Entre os testemu-

nhos neotestamentários sobre o batismo cristão, no livro dos Atos estão citados casos de batismo de famílias inteiras (cf. At 16,15; 16,33; 18,8), nas quais, possivelmente, estavam incluídas as crianças. A antiga prática do batismo das crianças,[24] sustentada pelos Padres e pelo Magistério da Igreja, é aceita como parte essencial da compreensão da fé da Igreja Católica. O Concílio de Trento afirma:

> Segundo a tradição apostólica, "também as crianças, que ainda não puderam cometer nenhum pecado por si, são verdadeiramente batizadas para a remissão dos pecados, a fim de que nelas pela regeneração fosse purificado o que contraíram com a geração". "Quem não nascer da água e do Espírito, não pode entrar no Reino de Deus" (Jo 3,5).[25]

66. A necessidade do sacramento do batismo é proclamada e professada como parte integrante da compreensão cristã da fé. Fundada no mandato que se encontra em Mt 28,19ss e Mc 16,15 e na prescrição exposta em Jo 3,5,[26]

---

[24] Policarpo poderia ser um testemunho indireto, pois que declara ao procônsul: "Há 86 anos sirvo (a Cristo)", in: *Martyrium Polycarpi* 9,3. O martírio de Policarpo, provavelmente, remonta aos últimos anos do reinado de Antonino Pio (156-160).

[25] CONCÍLIO DE TRENTO. Quinta Sessão. *Decreto sobre o pecado original* (*DS* 1514). O cânon retoma o segundo cânon do Concílio de Cartago, em 418 (*DS* 223).

[26] À luz dos textos do Antigo Testamento que se referem à efusão do Espírito de Deus, a idéia principal de Jo 3,5 parece referir-se ao dom do Espírito da parte de Deus. Se a vida natural se atribui ao fato que Deus dá o espírito aos seres humanos, da mesma maneira a vida eterna inicia-se com o dom do Espírito Santo (cf. R. E. BROWN. *The gospel according to John (1-XII)* [The Anchor Bible, vol. 29]. New York, 1966. 140). A este propósito, Brown observa: "O motivo batismal, que está entrelaçado no texto de todo o episódio, é secundário.

desde os primeiros tempos a comunidade cristã creu na necessidade do batismo para a salvação. Mesmo considerando o batismo sacramental necessário, enquanto meio ordinário estabelecido por Jesus Cristo para configurar a si mesmo os seres humanos, a Igreja não ensinou nunca a "necessidade absoluta" do batismo para a salvação. Existem outros caminhos pelos quais pode ser realizada a configuração com Cristo.

Já na primeira comunidade cristã era aceito que o martírio, o "batismo de sangue", pudesse substituir o batismo sacramental. Era, além disso, reconhecido o batismo de desejo. A esse respeito são pertinentes as palavras de Tomás de Aquino:

> O sacramento do batismo pode faltar a qualquer um dos dois modos. Primeiro, tanto *in re* quanto *in voto*. Isso acontece com aqueles que não foram batizados nem querem ser batizados [...]. Segundo, o sacramento do batismo pode faltar a alguém *in re*, mas não *in voto* [...]. Este, pois, sem estar, de fato, batizado, pode conseguir a salvação pelo desejo (*in voto*) do batismo [...].[27]

A frase 'de água', no qual o motivo batismal se exprime mais claramente, pode ter sempre formado parte do episódio, mesmo se não houvesse, originalmente, uma referência específica ao batismo cristão. Ou também a frase pode ter sido acrescentada posteriormente, para realçar o motivo batismal" (ivi, 143). O Senhor sublinha a necessidade de nascer "da água e do Espírito" para entrar no Reino de Deus. Na tradição cristã, este sempre foi visto como uma referência ao "sacramento do batismo", mesmo se uma tal leitura "sacramental" seja uma limitação do significado pneumatológico. Lido em tal ótica, nos podemos perguntar se o texto exprime aqui um princípio geral, sem exceção. Devemos estar conscientes desta pequena diferença de interpretação.

[27] TOMÁS DE AQUINO. *Summa Theologiae* III, q. 68, art. 2, *corpus*.

O Concílio de Trento reconhece o "batismo de desejo" como meio para ser justificado sem que se tenha recebido efetivamente o sacramento do batismo: "Esta passagem (do pecado ao estado de graça), depois do anúncio do Evangelho, não pode acontecer sem o banho da regeneração ou sem o seu desejo, como está escrito: 'Quem não nascer da água e do Espírito Santo não pode entrar no Reino de Deus' (Jo 3,5)".[28]

67. A afirmação da fé cristã sobre a necessidade do batismo sacramental para a salvação não pode ser esvaziada de seu significado existencial, reduzindo-a a uma afirmação meramente teórica. De outra parte, deve ser igualmente respeitada a liberdade de Deus em relação aos meios de salvação dados por ele. Por conseguinte, é necessário evitar qualquer tentativa de opor o batismo sacramental, o batismo de desejo e o batismo de sangue como se fossem antitéticos. Não são mais do que expressões das polaridades criativas no âmbito da realização da vontade salvífica de Deus a favor da humanidade, que inclui tanto uma real possibilidade de salvação quanto um diálogo salvífico na liberdade com a pessoa humana.

Precisamente esse dinamismo impele a Igreja, sacramento universal de salvação, a chamar a todos ao arrependimento, à fé e ao batismo sacramental. Esse diálogo na graça inicia-se somente quando a pessoa humana é existencialmente capaz de uma resposta concreta; algo que não é o caso das crianças. Daí a necessidade de que os pais e

---

[28] CONCÍLIO DE TRENTO. Sexta Sessão. *Decreto sobre a justificação* (*DS* 1524).

os padrinhos falem em nome das crianças que são batizadas. Mas que dizer das crianças que morrem sem batismo?

2.5 Esperança e oração pela salvação universal

68. Os cristãos são pessoas de esperança. Colocaram a sua esperança "no Deus vivo, Salvador de todos os seres humanos, sobretudo dos que têm fé" (1Tm 4,10). Desejam ardentemente que todos os seres humanos, incluídas as crianças não-batizadas, possam participar da glória de Deus e viver com Cristo (cf. 1Ts 5,9-11; Rm 8,2-5.23-35), segundo a recomendação de Teofilato: "Se ele (o nosso Deus) quer que todos os seres humanos sejam salvos, também tu deves querer e imitar a Deus".[29] Essa esperança cristã é uma esperança "contra toda esperança" (Rm 4,18) e vai muito mais além de qualquer forma de esperança humana. Toma o exemplo de Abraão, nosso pai na fé.

Abraão colocou grande confiança nas promessas que Deus lhe havia feito. Ele confiou ("esperou") em Deus contra toda expectativa ou evidência humana ("contra toda esperança"). Assim, os cristãos, mesmo quando não conseguem ver como possam ser salvas as crianças não-batizadas, contudo, ousam esperar que Deus as abrace na sua misericórdia salvífica. Estão, também, prontos a responder a quem quer que pergunte sobre a razão da esperança que está neles (cf. 1Pd 3,15). Ao encontrar pais aflitos, porque as suas crianças morreram antes ou depois do nascimento sem

---

[29] TEOFILATO. *In 1 Tim 2,4* (*PG* 125, 32): *Ei pantas anthrôpous thelè sôthènai ekeinos, thele kai su, kai mimou ton theon.*

ter sido batizadas, sentem-se impelidos a explicar como os motivos da esperança da própria salvação podem estender-se também a esses neonatos ou crianças.[30]

69. Os cristãos são pessoas de oração. Eles têm no coração a exortação de Paulo: "Eu recomendo, pois, antes de tudo, que se façam pedidos, orações, súplicas e ações de graças por todos os seres humanos" (1Tm 2,1). Essa oração universal é agradável a Deus, "que quer que todos os seres humanos sejam salvos e cheguem ao conhecimento da verdade" (1Tm 2,4), e a cuja potência criativa "nada é impossível" (Jó 42,2; Mc 10,27; 12,24-27; Lc 1,37). Ela se apóia na esperança de que toda a criação participará, finalmente, da glória de Deus (cf. Rm 8,22-27). Tal oração está em sintonia com a exortação de são João Crisóstomo: "Imita Deus. Se ele quer que todos se salvem, então é razoável que um ore por todos".[31]

---

[30] É digno de nota que a *editio typica* da encíclica do papa João Paulo II, *Evangelium vitae*, tenha substituído o texto do número 99: "Vos dareis conta que nada se perdeu e podereis pedir perdão também a vosso filho, que ora vive no Senhor" (uma formulação que podia prestar-se a uma interpretação errada), por este texto definitivo: "Infantem autem vestrum potestis Eidem Patri Eiusque misericordiae cum spe committere" (cf. *AAS* 87 [1995] 515), que se traduz assim: "Vós podereis confiar com esperança o vosso filho a este mesmo Pai e à sua misericórdia".

[31] JOÃO CRISÓSTOMO. *In 1Tim. homil.* 7, 2 (*PG* 62, 536): Mimou ton Theon. Ei pantas anthrôpous thelê sôthènai, eikotôs huper hapantôn dei euchesthai.

Capítulo 3

SPES ORANS.
RAZÕES DE ESPERANÇA

3.1 O novo contexto

70. Nos dois capítulos precedentes, nos quais se traçou a história da reflexão cristã sobre a sorte das crianças não-batizadas[1] e foram expostos os princípios teológicos atinentes a esse tema,[2] apresentou-se uma situação de claro-escuro. Por um lado, de muitas maneiras, os princípios teológicos subjacentes parecem favorecer a tese de uma salvação das crianças não-batizadas de acordo com a vontade salvífica universal de Deus. De outro lado, todavia, não se pode negar que por um tempo bastante longo houve uma tradição doutrinal (cujo valor teológico, porém, não é definitivo) que, no intento de salvaguardar e de não comprometer outras verdades do edifício teológico cristão, expressou, ao contrário, certa reticência ou, até, um claro refuto de prever a salvação dessas crianças.

Há uma continuidade fundamental na reflexão da Igreja sobre o mistério da salvação de geração em geração sob a guia do Espírito Santo. Nesse mistério, a questão da

---

[1] Ver capítulo 1.
[2] Ver capítulo 2.

sorte eterna das crianças que morrem sem batismo é "uma das mais difíceis de resolver na síntese teológica".[3] É um caso-limite, em que facilmente poderia parecer que existe uma tensão entre alguns princípios vitais da fé, de modo particular a necessidade do batismo para a salvação e a vontade salvífica universal de Deus. Com respeito pela sabedoria e fidelidade daqueles que estudaram essa difícil questão no passado, mas também conscientes de que, em certos momentos-chave da história dessa doutrina,[4] o Magistério da Igreja optou, específica e, talvez, providencialmente, por não definir que essas crianças estão privadas da visão beatífica, mas por manter aberta a questão, nós consideramos como o Espírito Santo está guiando a Igreja no atual momento histórico para refletir novamente sobre este tema particularmente delicado (cf. *Dei Verbum*, n. 8).

71. O Concílio Vaticano II interpelou a Igreja a ler os sinais dos tempos e a interpretar à luz do Evangelho (cf. *Gaudium et spes*, nn. 4 e 11), "para que a Verdade revelada possa ser percebida sempre mais profundamente, mais bem entendida e proposta de modo mais adequado" (*Gaudium et spes*, n. 44). Em outras palavras, a Igreja, que é o corpo de Cristo, encontra sempre no seu compromisso com esse mundo, pelo qual Cristo sofreu, morreu e ressuscitou, a ocasião para um conhecimento mais aprofundado do Senhor mesmo e de seu amor, e também de si mesma; a ocasião de uma maior compreensão da mensagem de salvação a ela

---

[3] Y. CONGAR. *Vaste monde ma paroisse:* vérité et dimensions du salut. Paris, 1968. 169: "Un de ceux dont la solution est la plus difficile en synthèse théologique".

[4] Ver capítulo 1: 1.5 e 1.6.

confiada. É possível identificar diversos sinais dos nossos tempos modernos que impelem a uma renovada consciência de alguns aspectos do Evangelho que têm particular relevância para o nosso tema. De certo modo, vem-nos oferecido um novo contexto em que tal tema pode ser reexaminado no início do século XXI.

72. a) As guerras e as desordens do século XX e o desejo da humanidade pela paz e pela unidade, demonstrado por instituições, por exemplo: Organização das Nações Unidas, União Européia e União Africana, ajudaram a Igreja a entender melhor a importância do tema da comunhão na mensagem evangélica e, assim, a elaborar uma eclesiologia de comunhão (cf. *Lumen gentium*, nn. 4 e 9; *Unitatis redintegratio*, n. 2; *Gaudium et spes*, nn. 12 e 24).

73. b) Muitas pessoas, hoje, lutam contra a tentação do desespero. Essa crise de esperança no mundo contemporâneo leva a Igreja a um maior apreço à esperança que está no coração do Evangelho cristão: "Há um só corpo e um só Espírito, assim como é uma só a esperança da vocação a que fostes chamados" (Ef 4,4). Os cristãos são, hoje, especialmente chamados a ser testemunhas e ministros da esperança no mundo (cf. *Lumen gentium*, nn. 48-49; *Gaudium et spes*, n. 1). A Igreja, na sua universalidade e catolicidade, é portadora de uma esperança que se estende à humanidade inteira, e os cristãos têm a missão de oferecer essa esperança a todos.

74. c) O desenvolvimento das comunicações em escala global, que nos apresentam, em toda a sua dramaticidade, os sofrimentos do mundo, constituiu, para a Igreja, uma ocasião

para compreender melhor o amor, a misericórdia e a compaixão de Cristo, e para estimar o primado da caridade. Deus é misericordioso e, diante da imensidão da dor do mundo, aprendemos a confiar em Deus e a glorificar "*aquele* cujo poder, agindo em nós, é capaz de fazer muito além, infinitamente além de tudo o que nós podemos pedir ou conceber" (Ef 3,20).

75. d) Por toda parte as pessoas se escandalizam pelo sofrimento das crianças e querem que seja dada a elas a possibilidade de realizar plenamente as suas potencialidades.[5] Em tal contexto a Igreja naturalmente recorda e reflete novamente sobre diversos textos neotestamentários que exprimem o amor preferencial de Jesus: "Deixai as crianças e não as impeçais de virem a mim, porque delas é o Reino dos Céus" (Mt 19,14. Cf. Lc 18,15-16). "Aquele que receber uma destas crianças por causa do meu nome, a mim recebe" (Mc 9,37). "Se não vos converterdes e não vos tornardes como as crianças, de modo algum entrareis no Reino dos Céus" (Mt 18,3). "Aquele, portanto, que se tornar pequenino como esta criança, esse é o maior no Reino dos Céus" (Mt 18,4). "Caso alguém escandalize um destes pequeninos que crêem em mim, melhor será que lhe pendurem ao pescoço uma pesada mó e seja precipitado nas profundezas do mar" (Mt 18,6). "Não desprezeis nenhum destes pequeninos, porque eu vos digo que os seus anjos nos céus vêem continuamente a face de meu Pai que está nos céus" (Mt 18,10). Assim, a Igreja renova o seu compromisso em demonstrar o amor e o cuidado que Cristo mesmo teve pelas crianças (cf. *Lumen gentium*, n. 11; *Gaudium et spes*, nn. 48 e 50).

---

[5] Cf. eventos como o *Live Aid* (1985) e o *Live 8* (2005).

76. e) A difusão das viagens, o contato entre pessoas de diferentes crenças e o notável aumento do diálogo entre povos de diferentes religiões encorajaram a Igreja a desenvolver uma maior consciência dos múltiplos e misteriosos caminhos de Deus (cf. *Nostra aetate*, nn. 1-2), e da sua própria missão neste âmbito.

77. O desenvolvimento de uma eclesiologia de comunhão, de uma teologia da esperança, a valorização da misericórdia divina, juntamente com uma renovada preocupação pelo bem-estar das crianças e uma crescente consciência de que o Espírito Santo atua na vida de cada um "no modo como Deus conhece" (*Gaudium et spes*, n. 22), todos esses elementos que caracterizam a época moderna concorrem para formar um novo contexto para o estudo do nosso tema. Este poderia ser um momento providencial para um reexame. Mediante a graça do Espírito Santo, a Igreja, em seu compromisso para com o mundo de hoje, adquiriu uma mais profunda compreensão da revelação de Deus, que pode projetar nova luz em nossa questão.

78. A esperança é o contexto geral em que se colocam as nossas reflexões e o nosso documento. A Igreja de hoje responde aos sinais dos nossos tempos com uma renovada esperança para o mundo em geral e, com referência particular ao nosso tema, para as crianças que morrem sem batismo.[6] Devemos, aqui e agora, dar as razões de nossa esperança (cf. 1Pd 3,15). Aproximadamente nos últimos cinqüenta anos, o Magistério da Igreja mostrou uma abertura crescente à possibilidade de salvação para as crianças não-

---

[6] *Catecismo* 1261.

batizadas, e o *sensus fidelium* parece ter-se desenvolvido na mesma direção.

Os cristãos experimentam constantemente, e de modo particularmente forte na liturgia, a vitória de Cristo sobre o pecado e sobre a morte,[7] a infinita misericórdia de Deus e a comunhão de amor dos santos no céu, e tudo isso reforça a nossa esperança. Na liturgia, é continuamente renovada a esperança que está em nós, e que devemos proclamar e explicar. Partindo dessa experiência de esperança, podem ser oferecidas, agora, diversas considerações.

79. É preciso reconhecer claramente que a Igreja não tem um conhecimento certo da salvação das crianças que morrem sem batismo. Conhece e celebra a glória dos Santos Inocentes, mas, em geral, a sorte das crianças não-batizadas não foi revelada, e a Igreja ensina e julga somente em relação ao que foi revelado. Mas aquilo que sabemos de Deus, de Cristo e da Igreja nos dá motivos para esperar na sua salvação, como é necessário explicar agora.

3.2 A filantropia misericordiosa de Deus

80. Deus é rico em misericórdia, *dives in misericordia* (Ef 2,4). A liturgia bizantina louva, freqüentemente, a filantropia de Deus; Deus é o "amante dos seres humanos".[8] Além

---

[7] "Cristo ressuscitou dentre os mortos, venceu a morte com sua própria morte, e deu a vida aos mortos que estavam nos sepúlcros" (refrão de Páscoa da liturgia bizantina). Na tradição bizantina, este verso pascal é cantado numerosas vezes em cada um dos quarenta dias do tempo de Páscoa. É, portanto, o principal hino pascal.

[8] Em todas as suas celebrações e cerimônias, a liturgia bizantina louva o amor misericordioso de Deus: "Pois que tu és um Deus misericordioso e amante

disso, o projeto do amor de Deus, agora revelado por meio do Espírito, vai além da nossa imaginação: isso que "Deus preparou para aqueles que o amam" são "o que os olhos não viram, os ouvidos não ouviram e o coração do ser humano não percebeu" (1Cor 2,9-10, que cita Is 64,4). Aqueles que choram sobre a sorte das crianças que morrem sem batismo, sobretudo seus pais, são, freqüentemente, pessoas que amam a Deus e deveriam ser consoladas por essas palavras. Em particular, podemos fazer as seguintes observações:

81. a) A graça de Deus atinge cada ser humano e a sua Providência abraça a todos. O Concílio Vaticano II ensina que Deus não nega "a ajuda necessária para a salvação" àqueles que, sem culpa própria, ainda não chegaram a um conhecimento explícito de Deus, mas que, com a ajuda da graça, "se esforçam por levar uma vida reta". Deus ilumina cada ser humano "a fim de que tenham finalmente a vida" (cf. *Lumen gentium*, n. 16). Além disso, é novamente ensinado que a graça "trabalha invisivelmente" no coração de todos os seres humanos de boa vontade (*Gaudium et spes*, n. 22). Essas palavras se aplicam diretamente àqueles que chegaram à idade da razão e que tomam decisões responsáveis, mas é difícil negar a sua aplicabilidade também aos que não alcançaram ainda o uso da razão. A afirmação seguinte, em particular, parece ter um alcance verdadeiramente universal:

> Com efeito, tendo Cristo morrido por todos e sendo uma só a vocação última do ser humano, isto é, divina (*cumque*

---

dos seres humanos, nós te glorificamos, Pai, Filho, Espírito Santo, agora e sempre, e pelos séculos dos séculos".

vocatio hominis ultima revera una sit, scilicet divina), por isso devemos admitir que o Espírito Santo oferece a todos a possibilidade de associarem-se, de modo conhecido por Deus, a este mistério pascal (*Gaudium et spes*, n. 22).

Essa profunda afirmação do Concílio Vaticano II nos leva ao projeto de amor da Santíssima Trindade e sublinha como o projeto de Deus supera a compreensão humana.

82. b) Deus não nos pede coisas impossíveis.[9] Além disso, o poder de Deus não está limitado aos sacramentos: "Deus virtutem suam non alligavit sacramentis quin possit sine sacramentis effectum sacramentorum conferre" ("Deus não liga seu poder aos sacramentos, assim pode conferir o efeito dos sacramentos sem os sacramentos").[10] Deus pode, portanto, dar a graça do batismo sem que o sacramento seja administrado, fato que deveria ser recordado especialmente quando a administração do batismo for impossível. A necessidade do sacramento não é absoluta. O que é absoluta é a necessidade para a humanidade do *Ursakrament*, que é Cristo mesmo. Toda salvação vem dele e, por conseguinte, de qualquer modo, através da Igreja.[11]

83. c) Em todo momento e em toda circunstância Deus oferece um remédio de salvação para a humanidade.[12]

---

[9] Cf. AGOSTINHO. *De natura et gratia* 43, 50 (*PL* 44, 271).
[10] TOMÁS DE AQUINO. *Summa Theologiae* III, 64, 7. Cf. III, 64, 3; III, 66, 6; III, 68, 2.
[11] Ver, a seguir, 3.4. e 3.5.
[12] Cf. TOMÁS DE AQUINO. In *IV Sent*. dist.1, q. 2, a. 4, q. 1, a. 2: "In quolibet statu post peccatum fuit aliquod remedium per quod originale peccatum ex virtute passionis Christi tolleretur".

Assim ensinou Tomás de Aquino[13] e, antes dele, Agostinho[14] e Leão Magno.[15] Encontra-se esse mesmo ensinamento também em Caetano.[16] O papa Inocêncio III se deteve especialmente na situação das crianças:

> Não é imaginável, de fato, que sejam perdidas todas as crianças pequenas, que cada dia morre uma tão grande multidão, sem que Deus misericordioso, que não quer que alguém pereça, não tenha procurado, também por elas, algum remédio para a salvação. [...] Nós dizemos que é necessário fazer uma distinção, pois que há uma dupla classe de pecados, o original e o atual: o pecado original é contraído sem o consentimento e o atual é cometido com o consentimento. O pecado original, portanto, que é

---

[13] Cf. também a nota 10, anterior.
[14] Cf. AGOSTINHO. *Ep.* 102, 2, 12.
[15] Cf. LEÃO MAGNO. *In nat. Domini* 4, 1 (*PL* 54, 203): "Sacramentum salutis humanae nulla umquam antiquitate cessavit [...]. Semper quidem, dilectissimi, diversis modis multisque mensuris humano generi bonitas divina consuluit. Et plurima providentiae suae munera omnibus retro saeculis clementer impertuit".
[16] Cf. CAETANO. *In IIIam Part.*, q. 68, a.11: "Rationabile esse ut divina misericordia provideret homini in quocumque naturali statu de aliquo rimedio salutis" [É razoável que a misericórdia de Deus ofereça ao ser humano, em qualquer estado natural em que ele possa encontrar-se, algum remédio de salvação]. Caetano se referia aos tempos antes de Cristo, quando existia um tipo de *sacramentum naturae*, por exemplo, a oferta de um sacrifício, que era a ocasião (mas não a causa) da graça. Segundo a sua interpretação, antes de Cristo os seres humanos se encontravam no "tempo da lei da natureza" e análoga era a situação das crianças não-batizadas. Ele aplicou, portanto, o seu princípio a favor da teoria do limbo como destino dessas crianças. Mas o ponto fundamental de seu raciocínio, a saber, que em toda época histórica e toda circunstância Deus cuida da situação da humanidade e oferece a ocasião apropriada para a salvação, é muito importante e não leva, necessariamente, à conclusão do limbo.

contraído sem o consentimento, sem o consentimento é remido pela força do sacramento (do batismo).[17]

Inocêncio defendia o batismo das crianças enquanto meio dado por Deus para as muitas crianças que morrem cada dia. Podemos, contudo, perguntar-nos, à luz de uma aplicação mais atenta deste mesmo princípio, se Deus também não oferece algum remédio para aquelas crianças que morrem sem batismo. Não se trata, absolutamente, de negar o ensinamento de Inocêncio III, segundo o qual os que morrem com o pecado original estão privados da visão beatífica.[18] O que podemos perguntar, e é o que estamos fazendo, é se as crianças que morrem sem batismo morrem necessariamente com o pecado original, sem um remédio divino.

84. Animados pela confiança de que Deus providencia em todas as circunstâncias, perguntamos: como poderíamos imaginar tal remédio? Apresentamos, em seguida, alguns caminhos através dos quais as crianças que morrem sem batismo podem estar, talvez, unidas a Cristo.

85. a) Em geral, podemos discernir, nessas crianças que sofrem e morrem, uma conformidade salvífica com Cristo em sua própria morte e uma intimidade com ele.

---

[17] INOCÊNCIO III. Carta a Imberto, arcebispo de Arles (*DS* 780): "Absit enim, ut universi parvuli pereant, quorum quotidie tanta multitudo moritur, quin et ipse misericors Deus, qui neminem vult perire, aliquod remedium procuraverit ad salutem [...]. Dicimus distinguendum, quod peccatum est duplex: originale scilicet et actuale: originale, quod absque consensu contrahitur, et actuale, quod committitur cum consensu. Originale igitur, quod sine consensu contrahitur, sine consensu per vim remittitur sacramenti; [...]".

[18] Cf. *DS* 780.

Cristo mesmo tornou presente na sua cruz o peso do pecado e da morte da humanidade inteira e, desde então, cada morte e sofrimento é um combate contra o seu próprio inimigo (cf. 1Cor 15,26), uma participação em sua própria batalha, em meio à qual podemos encontrá-lo ao nosso lado (cf. Dn 3,24-25 [91-92]; Rm 8,31-39; 2Tm 4,17). A sua ressurreição é a fonte da esperança da humanidade (cf. 1Cor 15,20); somente nele se encontra a vida em abundância (cf. Jo 10,10); e o Espírito Santo oferece a todos a participação em seu mistério pascal (cf. *Gaudium et spes*, n. 22).

86. b) Algumas das crianças que sofrem e morrem são vítimas da violência. Nesse caso, tendo como referência o exemplo dos Santos Inocentes, podemos perceber uma analogia com o batismo de sangue, que traz a salvação. Ainda que inconscientes, os Santos Inocentes sofreram e morreram por Cristo. Seus carrascos eram movidos pelo intento de matar o Menino Jesus. Assim como aqueles que tiraram a vida dos Santos Inocentes estavam guiados pelo medo e pelo egoísmo, assim a vida das crianças de hoje, de modo particular aquelas que estão ainda no seio materno, são, freqüentemente, colocadas em perigo pelo medo e pelo egoísmo de outros.

Nesse sentido, encontram-se em uma situação de solidariedade com os Santos Inocentes. Além disso, estão em uma situação de solidariedade com o Cristo, que disse: "Em verdade vos digo: cada vez que o fizestes a um destes meus irmãos mais pequeninos, a mim o fizestes" (Mt 25,40). É vital para a Igreja proclamar a esperança e a generosidade, que são intrínsecas ao Evangelho e essenciais para a proteção da vida.

87. c) É possível, também, que Deus simplesmente atue para conceder o dom da salvação às crianças não-batizadas, em analogia com o dom da salvação concedido sacramentalmente às crianças batizadas.[19] Talvez possamos comparar este caso ao dom imerecido que Deus deu a Maria no momento da sua Imaculada Conceição, através do qual ele simplesmente age para dar antecipadamente a ela a graça da salvação em Cristo.

3.3 Solidariedade com Cristo

88. Existe uma fundamental unidade e solidariedade entre Cristo e todo o gênero humano. Por sua encarnação, o Filho de Deus se uniu, de alguma maneira (*quodammodo*), a todo ser humano (*Gaudium et spes*, n. 22).[20] Por conseguinte, não existe ninguém que não tenha sido tocado pelo mistério do Verbo feito carne. A humanidade, e até mesmo toda a criação, foram objetivamente mudadas pelo fato mesmo da encarnação, e objetivamente salvas por meio do sofrimento, da morte e da ressurreição de Cristo.[21] Sem dúvida, dessa

---

[19] A situação das crianças não-batizadas pode ser considerada, por analogia, como a das crianças batizadas, como é feito aqui. De modo mais problemático pode, talvez, ser considerada, por analogia, como a dos adultos não-batizados. Ver, a seguir, nota 28.

[20] Os Padres da Igreja se compraziam em refletir sobre a assunção da parte de Cristo da humanidade inteira. Por exemplo: IRENEU. *Adv. Haer.* 3, 19, 3 (*SCh* 211, 380). *Epideixis* 33 (*SCh* 406, 130-131). HILÁRIO DE POITIERS. *In M.* 4, 8 (*SCh* 254, 130); 18, 6 (*SCh* 258, 80). *Trin.* II, 24 (*CCL* 62, 60). *Tr. Ps.* 51, 17; 54, 9 (*CCL* 61, 104; 146) etc. GREGÓRIO DE NISSA. *In Cant.* Or. II (*Opera.* Ed. JAEGER, VI, 61). *Adv. Apoll.* (*Opera* III/1, 152). CIRILO DE ALEXANDRIA. *In Joh. Evang.* I, 9 (*PG* 73, 161-164). LEÃO MAGNO. *Tract.* 64, 3; 72, 2 (*CCL* 138 A, 392; 442 s).

[21] Alguns Padres davam uma interpretação salvífica à encarnação mesma. Por exemplo: CIRILO DE ALEXANDRIA. *Comm. in Joh.* 5 (*PG* 73, 753).

salvação objetiva é necessário subjetivamente apropriar-se (cf. At 2,37-38; 3,19), normalmente por meio do exercício pessoal do livre-arbítrio a favor da graça nos adultos, com ou sem o batismo sacramental, ou, no caso das crianças, recebendo o batismo sacramental. A situação das crianças não-batizadas é problemática exatamente porque se presume que falte nelas o livre-arbítrio.[22] A situação delas suscita a interrogação sobre a relação entre a salvação objetiva obtida por Cristo e o pecado original, e também a pergunta sobre o alcance exato do termo conciliar *quodammodo*.

89. Cristo viveu, morreu e ressuscitou por todos. O ensinamento de Paulo é que "ao nome de Jesus todo joelho se dobre [...] e que toda língua proclame que o Senhor é Jesus Cristo" (Fl 2,10-11). "Com efeito, Cristo morreu e reviveu para ser o Senhor dos mortos e dos vivos", "pois todos nós compareceremos ao tribunal de Deus" (Rm 14,9-11). Da mesma forma, o ensinamento de João sublinha: "Porque o Pai a ninguém julga, mas confiou ao Filho todo julgamento, a fim de que todos honrem o Filho, como honram o Pai" (Jo 5,22-23). "E ouvi toda criatura no céu, na terra, sob a terra, no mar, e todos os seres que nele vivem, proclamarem: 'Àquele que está sentado no trono e ao Cordeiro pertencem o louvor, a honra, a glória e o domínio pelos séculos dos séculos!'" (Ap 5,13).

90. A Escritura relaciona toda a humanidade com Cristo, sem exceção. Um dos principais pontos débeis da teoria tradicional do limbo é que não fica claro se as almas têm ou não ali uma relação com Cristo. Parece deficiente o

---

[22] Ver, a seguir, nota 28.

cristocentrismo dessa doutrina. Segundo algumas opiniões, as almas parecem possuir uma felicidade natural no limbo, que é de ordem diferente da ordem sobrenatural, na qual as pessoas escolhem a favor ou contra Cristo. Parece ser essa a característica da doutrina de Tomás de Aquino, ainda que Suárez e os escolásticos posteriores sublinhem que Cristo restaura a natureza humana (a sua é uma *gratia sanans*, que cura a natureza humana), tornando possível a felicidade natural que o Aquinate atribuía às almas no limbo.

A graça de Cristo estava implícita na doutrina de Tomás de Aquino, embora não desenvolvida. Os escolásticos tardios, desse modo, consideraram três destinos possíveis (ou, ao menos, na prática, já que, em princípio, puderam aceitar só dois destinos possíveis: céu e inferno) e compreenderam, diferentemente de Agostinho, que era pela graça de Cristo que as numerosas crianças estavam no limbo e não no inferno!

91. Onde abunda o pecado, superabunda a graça! Assim proclama a Escritura, mas a idéia de limbo parece limitar essa superabundância. "Entretanto não acontece com o dom o mesmo que com a falta. Se pela falta de um só a multidão morreu, com quanto maior profusão a graça de Deus e o dom gratuito de um só homem, Jesus Cristo, se derramaram sobre a multidão." "Por conseguinte, assim como pela falta de um só resultou a condenação de todos os seres humanos, do mesmo modo, da obra de justiça de um só resultou para todos os seres humanos a justificação que traz a vida." "Ora, a Lei interveio para quem avultasse a falta; mas onde avultou o pecado a graça superabundou"

(Rm 5,15.18.20). "Pois, assim como todos morrem em Adão, em Cristo todos receberão a vida" (1Cor 15,22).

É verdade que a Escritura nos fala da nossa solidariedade no pecado com Adão, mas isso é o pano de fundo sobre o qual se coloca o ensinamento da nossa solidariedade salvífica em Cristo. "A doutrina do pecado original é, por assim dizer, 'o reverso' da Boa-Notícia de que Jesus é o Salvador de todos os seres humanos, de que todos têm necessidade da salvação e de que a salvação é oferecida a todos graças a Cristo."[23] Em muitas interpretações tradicionais do pecado e da salvação (e do limbo) se acentuou mais a solidariedade com Adão do que a solidariedade com Cristo, ou, ao menos, se apresentou uma concepção restritiva dos caminhos através dos quais os seres humanos se beneficiam da solidariedade com Cristo. Esta parece ter sido, em particular, uma característica do pensamento de Agostinho:[24] Cristo salva poucos eleitos da massa dos condenados em Adão. O ensinamento de são Paulo nos impele a restabelecer o equilíbrio e a pôr no centro a humanidade de Cristo salvador, a quem todos, de algum modo, estão unidos.[25]

---

[23] *Catecismo* 389.
[24] Por exemplo: AGOSTINHO. *Enarr. in Ps.* 70, II, 1 (*PL* 36, 891): "Omnis autem homo Adam; sicut in his qui crediderunt, omnis homo Christus, quia membra sunt Christi". Este texto coloca em evidência a dificuldade que Agostinho tem em considerar a solidariedade com Cristo tão universal quanto a solidariedade com Adão. Todos estão em uma condição de solidariedade com Adão; somente aqueles que crêem estão em uma condição de solidariedade com Cristo. Ireneu é mais equilibrado na sua doutrina da recapitulação (cf. *Adv. Haer.* 3, 21, 10; 5, 12, 3; 5, 14, 2; 5, 15, 4; 5, 34, 2).
[25] Com a encarnação, cf. *Gaudium et spes*, n. 22.

"'Imagem de Deus invisível',[26] ele é o homem perfeito, que restituiu aos filhos de Adão a semelhança divina, deformada desde o primeiro pecado. Como a natureza humana foi nele assumida, não aniquilada, por isso mesmo também foi em nós elevada a uma dignidade sublime" (*Gaudium et spes*, n. 22). Desejamos sublinhar que a solidariedade da humanidade com Cristo (ou, mais precisamente, a solidariedade de Cristo com a humanidade) deve ter prioridade sobre a solidariedade com Adão, e é em tal ótica que deve ser abordada a questão da sorte das crianças que morrem sem batismo.

92. "Ele é a imagem do Deus invisível, o primogênito de toda criatura, porque nele foram criadas todas as coisas, nos céus e na terra, as visíveis e as invisíveis. [...] Tudo foi criado por ele e para ele. É antes de tudo e tudo nele subsiste. É a cabeça da Igreja, que é o seu corpo. É o princípio, o primogênito dos mortos, tendo em tudo a primazia" (Cl 1,15-18).

O plano de Deus é "em Cristo encabeçar todas as coisas, as que estão nos céus e as que estão na terra" (Ef 1,10). Há, hoje, um renovado apreço do grande mistério cósmico da comunhão em Cristo. Este é, com efeito, o contexto fundamental no qual se coloca o nosso tema.

93. Não obstante os seres humanos terem sido beneficiados com o dom da liberdade, e a livre aceitação de Cristo é o meio ordinário de salvação, não podemos ser salvos sem uma nossa adesão e, com certeza, não contra a nossa vontade.

---

[26] Cl 1,15. Cf. 2Cor 4,4.

Todos os adultos, de modo explícito ou implícito, tomam uma decisão em face de Cristo, que ele mesmo se uniu a eles (cf. *Gaudium et spes*, n. 22). Alguns teólogos modernos pensam que a decisão a favor ou contra Cristo está implícita em cada escolha humana. Contudo, é precisamente a falta do livre-arbítrio e da capacidade de escolha responsável nas crianças que leva a perguntar como se encontram diante de Cristo no caso em que morrem sem batismo.

O fato de as crianças poderem gozar da visão de Deus é reconhecido na prática do batismo de crianças. A opinião tradicional é que somente por meio do batismo sacramental as crianças estão em solidariedade com Cristo e, então, podem chegar à visão de Deus. Na ausência do batismo, a solidariedade com Adão prevaleceria. Ainda assim, podemos perguntar-nos como seria modificada tal teoria se fosse restabelecida a prioridade da nossa solidariedade com Cristo (isto é, da solidariedade de Cristo conosco).

94. O batismo para a salvação pode ser recebido *in re* ou também *in voto*. Tradicionalmente se entendeu que a opção implícita a favor de Cristo, que pode ser feita por um adulto não-batizado, constitui um *votum*, um desejo do batismo, e é salvífica. Segundo a opinião tradicional, esta possibilidade não pode estar aberta para as crianças, que não chegaram ao uso do livre-arbítrio. A presumida impossibilidade do batismo *in voto* para as crianças é um elemento-chave para toda a questão.

Daí que, nos últimos tempos, foram feitas numerosas tentativas para explorar a possibilidade de um *votum* no caso de uma criança não-batizada, que poderia ser um *votum* expresso em nome da criança por seus pais ou pela Igreja,[27] ou, talvez, um *votum* tido de alguma forma pela própria criança.[28] A Igreja nunca excluiu uma tal possibilidade, e não surtiram efeito as tentativas feitas para induzir o Concílio Vaticano II a pronunciar-se contra essa hipótese, propriamente porque era generalizada a consciência de que as pesquisas sobre o tema ainda não haviam chegado a uma conclusão, assim como era difundido o desejo de confiar tais crianças à misericórdia de Deus.

95. É importante reconhecer que existe uma "dupla gratuidade", que nos chama à existência e, ao mesmo tempo, à vida eterna. Não obstante seja concebível uma ordem puramente natural, de fato, nenhuma existência humana é vivida em tal ordem. A ordem atual é sobrenatural; desde o primeiro momento de cada vida humana são abertos canais de graça. Todos nascem com aquela humanidade assumida por Cristo mesmo e todos, em cada momento, vivem algum

---

[27] Ver, a seguir, 3.4.

[28] Sobre a possibilidade de um *votum* por parte da criança, o crescimento até o livre-arbítrio poderia, talvez, ser considerado um desenvolvimento progressivo, que parte do primeiro momento da existência e chega até a maturidade, mais do que um salto qualitativo repentino, que conduz ao exercício de uma decisão madura e responsável. A existência da criança no seio materno é um *continuum* de crescimento e de vida humana, não se tornando repentinamente humano em um dado momento. Daí segue que as crianças poderiam ser efetivamente capazes de exercer alguma forma de *votum* rudimentar por analogia ao dos adultos não-batizados. Segundo alguns teólogos, o sorriso da mãe mediaria o amor de Deus para com a criança, pelo qual se viu, na resposta da criança àquele sorriso, uma resposta a Deus mesmo. Alguns psicólogos e neurologistas modernos estão convencidos de que a criança no seio materno já está de alguma forma consciente e dispõe de uma certa medida de liberdade (cf. V. FRANKL. *Der unbewusste Gott. Psychotherapie und Religion*. München, 1973. D. AMEN. *Healing the hardware of the soul*. New York, 2002).

tipo de relação com ele, explicitada por diferentes graus (cf. *Lumen gentium*, n. 16) e com graus diversos de adesão.

Em tal ordem, são possíveis dois destinos finais para uma existência humana: ou a visão de Deus ou o inferno (cf. *Gaudium et spes*, n. 22). Ainda que alguns teólogos medievais tenham sustentado a possibilidade de um destino intermédio, natural, conseguido pela graça de Cristo (*gratia sanans*), a saber, o limbo,[29] nós entendemos problemática tal teoria e desejamos indicar a possibilidade de outras soluções, fundadas na esperança de uma graça redentora dada às crianças que morrem sem o batismo e abre para elas o caminho para o céu. Nós acreditamos que, com o desenvolvimento da doutrina, a solução do limbo possa ser superada à luz de uma maior esperança teológica.

3.4 A Igreja e a comunhão dos santos

96. Dado que todos vivem alguma forma de relação com Cristo (cf. *Gaudium et spes*, n. 22), e a Igreja é o corpo de Cristo, todos, em todo momento, vivem alguma forma de relação com a Igreja. Essa tem uma profunda solidariedade ou comunhão com toda a humanidade (cf. *Gaudium et spes*, n. 1). Ela vive em uma orientação dinâmica para a plenitude da vida com Deus em Cristo (cf. *Lumen gentium*, cap. 7) e quer atrair a todos a essa plenitude de vida. A Igreja é, com efeito, o "sacramento universal de salvação" (*Lumen gentium*, n. 48. Cf. nn. 1 e 9). A salvação é social (cf. *Gaudium et spes*, n. 12) e a Igreja já vive a vida de graça da comunhão

---

[29] Ver capítulo 2, n. 22.

dos santos, para a qual todos são chamados, e abarca todas as pessoas em toda circunstância em sua oração, de modo particular quando ela celebra a eucaristia.

A Igreja inclui em sua oração também os adultos não-cristãos e crianças não-batizadas que morrem. É muito significativo que, depois do Concílio Vaticano II, se remediou a ausência, que havia antes do Concílio, de orações litúrgicas pelas crianças que morrem sem batismo.[30] Unida por um comum *sensus fidei* (cf. *Lumen gentium*, n. 12), a Igreja se volta a todas as pessoas, sabendo que todas são amadas por Deus. Um dos motivos pelo qual não lograram efeito as tentativas de que o Concílio Vaticano II ensinasse que as crianças não-batizadas estavam definitivamente privadas da visão de Deus[31] foi o testemunho dos bispos de que esta não era a fé de seu povo, ou seja, não correspondia ao *sensus fidelium*.

97. São Paulo ensina que o cônjuge não-crente de um cristão é "santificado" pelo marido ou pela mulher crente, e que, além disso, também seus filhos são "santos" (1Cor 7,14). Esta é uma indicação notável de que a santidade que habita a Igreja atinge as pessoas que estão fora dos seus limites visíveis através dos laços da comunhão humana e, neste caso, os vínculos familiares entre marido e mulher no matrimônio, e entre pais e filhos. São Paulo subentende que o cônjuge e o filho de um cristão crente têm, em virtude dos laços familiares, no mínimo uma conexão com a pertença à Igreja e a salvação. A sua situação familiar "comporta uma

---

[30] Ver, a seguir, 3.5.
[31] Ver capítulo 1: 1,6.

certa introdução na Aliança".[32] As palavras de Paulo não dão alguma segurança de salvação para o cônjuge (cf. 1Cor 7,16) ou para os filhos não-batizados, mas, certamente, ainda uma vez mais, oferecem motivos de esperança.

98. Quando uma criança é batizada, não pode pessoalmente fazer uma profissão de fé. Naquele momento, porém, são os pais e a Igreja no seu conjunto a prover um contexto de fé à ação sacramental. Com efeito, santo Agostinho ensina que é a Igreja que apresenta a criança para o batismo.[33] A Igreja professa a sua fé e intercede com poder pela criança, realizando aquele ato de fé que a criança é incapaz de fazer. Uma vez mais são operantes e manifestos os laços de comunhão, sejam naturais, sejam sobrenaturais. Se uma criança não-batizada é incapaz de um *votum baptismi*, neste caso, em virtude dos mesmos vínculos de comunhão, a Igreja pode ser capaz de interceder pela criança e exprimir em seu nome um *votum baptismi* eficaz diante de Deus. Além disso, a Igreja, de fato, formula propriamente tal *votum* na liturgia, pela qual a mesma caridade para com todos é renovada em cada celebração da eucaristia.

99. Jesus ensinou: "Quem não nascer da água e do Espírito não pode entrar no Reino de Deus" (Jo 3,5). Disso compreendemos a necessidade do batismo sacramental.[34] Da mesma forma, ele disse: "Se não comerdes a carne do Filho do Homem e não beberdes o seu sangue, não tereis a

---

[32] Y. CONGAR. *Vaste monde ma paroisse*, cit., 171.
[33] Cf. AGOSTINHO. Prima lettera a Bonifacio, 22, 40 [*PL* 44, 570].
[34] Cf. capítulo 2, nota 26.

vida em vós" (Jo 6,53). Disso compreendemos a necessidade (estreitamente relacionada com a anterior) de participar da eucaristia. Contudo, como deste segundo texto não se pode concluir que não pode ser salvo quem não recebeu o sacramento da eucaristia, assim também não se pode deduzir do primeiro texto que não pode ser salvo quem não recebeu o sacramento do batismo. Deveremos, ao contrário, chegar à conclusão de que ninguém é salvo sem alguma relação com o batismo e com a eucaristia, portanto com a Igreja, definida por esses sacramentos.

Toda salvação tem alguma relação com o batismo, a eucaristia e a Igreja. O princípio segundo o qual "fora da Igreja não há salvação" significa que não há salvação que não provenha de Cristo e que não seja eclesial por sua própria natureza. Da mesma forma, o ensinamento da Escritura segundo o qual "sem a fé é impossível ser-lhe [a Deus] agradável" (Hb 11,6) indica o papel intrínseco da Igreja, a comunhão de fé, na obra de salvação. Sobretudo na liturgia da Igreja se manifesta esse papel, enquanto a Igreja ora e intercede por todos, inclusive pelas crianças que morrem sem batismo.

3.5 *Lex orandi, lex credendi*

100. Antes do Concílio Vaticano II, na Igreja latina não existia um rito fúnebre pelas crianças não-batizadas, que eram sepultadas em terra não-consagrada. A rigor, não existia nem ao menos um rito fúnebre pelas crianças batizadas, ainda que, nesse caso, fosse celebrada uma missa dos anjos e, naturalmente, fosse dada a elas uma sepultura

cristã. Graças à reforma litúrgica pós-conciliar, o *Missal Romano* tem, agora, uma missa fúnebre pelas crianças que morrem sem batismo e, além disso, se encontram outras orações especiais no *Ordo exsequiarum* para este caso. Não obstante em ambos os casos o tom da oração ser claramente cauteloso, de fato, hoje, a Igreja exprime na liturgia a esperança na misericórdia de Deus, a cujo cuidado amoroso é confiada a criança.

Tal oração litúrgica reflete e ao mesmo tempo dá forma ao *sensus fidei* da Igreja latina sobre a sorte das crianças que morrem sem batismo: *lex orandi, lex credendi*. É significativo que na Igreja ortodoxa grega esteja previsto um único rito fúnebre pelas crianças, batizadas ou não, e a Igreja ora por todas as crianças defuntas, a fim de que possam ser acolhidas no seio de Abraão, onde não há dor nem angústia, mas somente a vida eterna.

101. "Quanto às crianças mortas sem batismo, a Igreja só pode confiá-las à misericórdia de Deus, como o faz no rito das exéquias por elas. Com efeito, a grande misericórdia de Deus, que quer a salvação de todos os seres humanos, e a ternura de Jesus para com as crianças, levaram-no a dizer: "Deixai as crianças virem a mim, não as impeçais" (Mc 10,4. Cf. 1Tm 2,4), nos permitem esperar que haja um caminho de salvação para as crianças mortas sem batismo. Eis por que é tão presente o apelo da Igreja de não impedir as crianças de virem a Cristo pelo dom do santo batismo."[35]

---

[35] *Catecismo* 1261.

3.6 Esperança

102. Na esperança da qual a Igreja é portadora para toda a humanidade e que deseja novamente proclamar ao mundo de hoje, existe uma esperança de salvação para as crianças que morrem sem batismo? Reexaminamos, atentamente, tão complexa questão, com gratidão e respeito pelas respostas dadas no curso da história da Igreja, mas também com a consciência de que a nós cabe dar uma resposta coerente para o momento atual. Refletindo a partir da única tradição de fé que une a Igreja de todos os tempos, e confiando totalmente na guia do Espírito Santo, que, segundo a promessa de Jesus, conduz os seus seguidores "à verdade plena" (Jo 16,13), procuramos ler os sinais dos tempos e interpretá-los à luz do Evangelho.

A nossa conclusão é que os muitos fatores que antes consideramos oferecem sérias razões teológicas e litúrgicas para esperar que as crianças que morrem sem batismo serão salvas e poderão gozar da visão beatífica. Sublinhamos que se trata, aqui, de razões de *esperança* na oração mais do que de conhecimento certo. Existem muitas coisas que simplesmente não foram reveladas (cf. Jo 16,12). Vivemos na fé e na esperança no Deus de misericórdia e de amor que nos foi revelado em Cristo, e o Espírito nos impele a orar em gratidão e alegria constantes (cf. 1Ts 5,18).

103. O que nos foi revelado é que o caminho ordinário de salvação passa através do sacramento do batismo. Nenhuma das considerações expostas anteriormente pode ser adotada para minimizar a necessidade do batismo, nem

para retardar a sua administração.[36] Ainda mais, como queremos, aqui, reafirmar em conclusão, existem fortes razões para esperar que Deus salvará essas crianças, já que não se pode fazer por elas o que se teria desejado fazer, isto é, batizá-las na fé e na vida da Igreja.

---

[36] Cf. *Catecismo* 1257.

SUMÁRIO

Introdução 9

1. *Historia quaestionis*. História e hermenêutica do ensinamento católico 17
   1.1. Fundamentos bíblicos..17
   1.2 Os Padres gregos 20
   1.3 Os Padres latinos 23
   1.4 A Escolástica medieval..28
   1.5 A era moderna pós-tridentina 32
   1.6 Do Concílio Vaticano I ao Concílio Vaticano II.....34
   1.7 Problemas de natureza hermenêutica 40

2. *Inquirere vias Domini*: indagar os caminhos de Deus. Princípios teológicos 47
   2.1 A vontade salvífica universal de Deus realizada através da única mediação de Jesus Cristo no Espírito Santo 48
   2.2 A universalidade do pecado e a necessidade universal da salvação..53
   2.3 A necessidade da Igreja 58
   2.4 A necessidade do batismo sacramental..................61
   2.5 Esperança e oração pela salvação universal 66

3. *Spes orans*. Razões de esperança 69
   3.1 O novo contexto 69
   3.2 A filantropia misericordiosa de Deus 74
   3.3 Solidariedade com Cristo 80
   3.4 A Igreja e a comunhão dos santos 87
   3.5 *Lex orandi, lex credendi*.......................................90
   3.6 Esperança 92

Impresso na gráfica da
Pia Sociedade Filhas de São Paulo
Via Raposo Tavares, km 19,145
05577-300 - São Paulo, SP - Brasil - 2008